大腦充電中

60秒改造全新人生

你離成功只差這101種好習慣

[美] 阿爾伯特·哈伯德　著
趙雅筑　編譯

你的反覆行為形成了習慣，
而習慣又反過來塑造了獨特的自我

種下一種行為
收獲習慣

種下一種習慣
收獲個性

種下一種個性
收獲命運

工作×生活×學習×處事×心態×說話×觀念

檢視自己的一分鐘
一點細微的變化將為你的生活帶來巨大差異

崧燁文化

序言：好習慣，好人生
一分鐘發現：傑出人士的34個好習慣
一分鐘自測：這些好習慣你有嗎

第一章　一分鐘對待自己
想做，你就馬上做……022
隨時掌握自己的命運……025
學會對自己下命令……026
不要太忙碌……028
留住「孤芳自賞」的心……030
不要與你的下屬爭分一杯羹……031
自信是做好一切的基礎……033
鑽石就在你身邊……035
不要懷疑自己……038
寫下自我肯定的話……041
對自己要寬容……042
採取主動……043
遇到討厭的人，不妨照鏡子，看看自己……045
有空常跟自己聊聊……046
當機立斷，放棄那些過於勉強的事物……047
適時地表現出自己的專長……049

第二章　一分鐘對待工作

工作也須量體裁衣……052
不積跬步，無以致千里……054
賺錢不是人生目標……056
做一個不為薪水工作的職員……058
放棄是為了獲得更多……061
任何工作都值得做好……064
把工作看作樂趣……067
勤奮工作吧……070
讓敬業成為一種習慣……072
自動自發地工作……075
善於尋找工作中的樂趣……077
將嗜好融入工作中……080
進職場之前，先向前輩學習……082
沒有人找你……083
職場高效能人才的習慣……084
傑出管理者的習慣……087
傑出CEO的習慣……089

第三章　一分鐘對待生活

夢想永遠為時不晚……092
每天給自己一小時……094
居安思危……097
珍惜現在的每一分鐘……100
一切都應順其自然……102
早起的鳥兒有蟲吃……105

從「司空見慣」的現象中有所發現……106
每天拿出「為將來的一小時」……107
快樂生活原則……109
理財六種好習慣……110
能早一小時採取行動，就立刻實踐……112
不妨多注意一下身邊常見的花草樹木……113
悲傷時，就讓自己忙碌……114

第四章　一分鐘對待學習

把書籍當作最好的朋友……116
讀好書永遠不嫌多……119
獲得智慧：分九步走……121
多才多藝，莫如獨精一門……124
在別人的失敗處尋找機遇……126
好記性不如爛筆頭……129
每天都要為大腦充電……131
你必須主動想要才行……133
重視學習的高效時段……135
學習你佩服的人的做事方法……136

第五章　一分鐘對待處事

事事成功的七種態度……138
五分鐘計畫會形成良好的動力……141
每一個細節都不要忽視……142
體諒別人的難處……144

成功就是一疊厚名片……147
珍惜別人的面子……149
溫和帶來好運……151
事事以大局為重……153
你要曉得你自己要幹什麼……155
別為自己樹敵太多……157
要為別人著想……159
量力而行，適可而止……161
人人身上都有優點……163

第六章　一分鐘對待心態

快樂起來的好習慣……168
成功來自內心……171
做自己情緒的主人……173
保持清醒的頭腦……176
把「失去」當作「被遺棄」……178
適可而止莫貪圖……180
不以物喜，不以己悲……182
將壓力變為動力……184
忍讓是一種美德……186
時刻高喊「我很重要」……188
掌握心靈的方向……190
背後被踢時，別回頭一直走……192
把笑掛在臉上……195
遇到困難時，請告訴自己：「是很困難，但沒問題」……197

第七章　一分鐘對待說話

不要把話說得太滿……200
聆聽，也是一種關愛……202
多說好話……204
說話邏輯不可亂……205
說話節奏把握好……207
說話要簡潔精練……209
說話須平凡樸素……211

第八章　一分鐘對待觀念

學會愛你的對手……214
培養多元思維……216
以原則為生活重心……218
當務之急是做最重要的事……221
異性做的事情，不妨也嘗試……223
將「願望」改變成「欲望」……224
相信自己是第一……225
控制靈感……228
不要臉，要面子……230
經常突發奇想……232
善於轉換思路……234

序言：好習慣，好人生

七十五位諾貝爾獎得主在法國巴黎聚會，討論人類面臨的重大問題。會議上，有人問一位諾貝爾獎得主：「您在哪所大學，學到了您認為最重要的東西？」出人意料的是，那位白髮蒼蒼的科學家回答：「是幼稚園。」那人驚訝地問：「在幼稚園學到些什麼呢？」科學家回答：「把禮物分給同學，不是自己的東西不要拿，東西要放整齊，做錯事要及時檢討……。」

好習慣會使你終生受益！

好習慣是我們生命枝芽上盛開的一朵美麗小花，她的果實對我們生命的成長往往影響深遠，就像鳥兒偶爾銜到荒島上的一粒樹種，這粒不起眼的種子往往就是覆蓋荒島森林的孕育者，是改變荒島「荒之命運」的製造者！

好習慣是我們在生命的原野上，悄然踏出的一條心靈之路，有了這條路，我們就不會因誤入荊棘之叢而被傷害，就不會在漫漫的歲月裡迷失自我；有了這條路，我們就能去漫遊我們的理想之國，就能一天比一天走近我們渴望中的新生活。

好習慣是我們不斷拾取願望的音符，獨自創作出一首迷人的歌，唱著這首歌，我們就能享受到生活的節奏之美；唱著這首歌，我們的內心深處就會湧動著一種催促著自己奮發向上的力量。

有一個旅行者，每到一地都有尋找奇異的小石頭留作紀念的習慣，有一次，他卻在一條山下融雪匯聚、水冷似冰的溪流裡，發現了一顆碩大的鑽石。是的，好習慣就是讓我們不斷成功發現鑽石的尋寶圖，是一本在生命的銀行裡不斷擴展我們人生價值的存摺。

壞習慣就像是我們行駛在歲月中那艘海上理想之輪裡的老鼠，早晚有一天會把船底啃穿，使其在不知不覺中沉沒；而好習慣則是高掛在這理想之輪上的風帆，有了這風帆，不管是哪個方向的來風都能讓它成為推動我們前進的動力，從而把我們送到自己渴望到達的港灣。

如果你為自己培養了一種好習慣，那麼，它就會處處讓你看到未來生活裡的希望，在通往成功和夢想的道路上，它就會成為你靈感的源泉，成為開啟你智慧之門的金鑰匙。

你的反覆行為便形成了習慣，而習慣又反過來塑造了你獨特的自我。一個哲人曾說過：「種下一種行為，收獲一種習慣；種下一種習慣，收獲一種個性；種下一種個性，收獲一種命運。」因此，好讀書和思索的人，收獲知識和智慧；處處總是習慣好為他人打算的人，收獲的是快樂和幸福；遇事總是抱著積極的心態、習慣往好處想的人，收獲的一定是成功和人生的輝煌……。

哈伯德

一分鐘發現：傑出人士的34個好習慣

在你靜下心來閱讀本書前，測測自己離「傑出人士」還有多遠。

1 不說「不可能」三個字。
2 凡事第一反應：找方法，而不是找藉口。
3 遇到挫折對自己大聲說：太棒了！
4 不說消極的話，不落入消極情緒，一旦出現立即正面處理。
5 凡事先訂立目標，並且盡量製作「夢想計畫」。
6 凡事預先設定計畫，盡量將目標視覺化。
7 六點優先工作制。每一分，每一秒都用於做事情。
8 隨時用零碎的時間（如等人、排隊等）做零碎的小事。
9 守時。
10 寫下來，不要太依靠腦袋記憶。

11 隨時記錄靈感。
12 把重要的觀念、方法寫下，並貼起來，以隨時提示自己。
13 走路比平時快百分之三十。走路時，腳尖稍用力推進，肢體語言健康有力，不懶散、萎靡。
14 每天出門照鏡子，給自己一個自信的笑容。
15 每天自我反省一次。
16 每天堅持一次運動。
17 在做重要事前，或疲勞時、心情煩躁時、緊張時，聽心跳一分鐘。
18 開會坐在前排。
19 微笑。
20 用心傾聽，不打斷對方說話。
21 說話時，聲音有力。感覺自己聲音似乎能產生有感染力的磁場。
22 同理心。說話之前，先考慮一下對方的感受。
23 每天有意識、真誠地讚美別人三次以上。
24 及時寫感謝卡，哪怕是用便條紙寫。

25 不用訓斥、指責的口吻跟別人說話。

26 控制住不要讓自己做出為自己辯護的第一反應。

27 每天多做一件「份外事」。

28 不管任何方面，每天必須至少「進步一點點」。

29 每天提早十五分鐘上班，延遲三十分鐘下班。

30 每天在下班前用五分鐘的時間做一天的整理性工作。

31 定期存錢。

32 節儉。

33 時常運用「腦力激盪」。

34 恪守誠信，說到做到。

一分鐘自測：這些好習慣你有嗎

有許多好習慣你可能已經擁有，但也有很多習慣你還沒有想到。

1 當你生活枯燥的時候，你會？
2 當你覺得人生乏味的時候，你會？
3 當你體力日差的時候，你會？
4 當你工作疲憊的時候，你會？
5 當你孤傲狂放的時候，你會？
6 當你志得意滿的時候，你會？
7 當你錢不夠用的時候，你會？
8 當你覺得工作低迷的時候，你會？
9 當你懷疑自己的時候，你會？
10 當你忽略家人的時候，你會？

11 當你渾噩度日的時候，你會？
12 當你忙於工作的時候，你會？
13 當你目中無人的時候，你會？
14 當你服務不佳的時候，你會？
15 當你慌張失措的時候，你會？
16 當你推諉責任的時候，你會？
17 當你腸枯思竭的時候，你會？
18 當你沮喪失意的時候，你會？
19 當你畏懼調職的時候，你會？
20 當你溝通障礙的時候，你會？
21 當你業績消退的時候，你會？
22 你收到 E-mail 的時候，你會？

參考答案：

1 用心體會　2 培養幽默　3 運動建身
4 認真休息　5 感恩惜福　6 謙沖為懷

7 投資理財
8 激勵自己
9 建立自信
10 愛與關懷
11 閱讀好書
12 安排休閒
13 不斷學習
14 讓顧客滿意
15 萬全準備
16 勇於承擔
17 轉型思考
18 檢討改進
19 提升自己
20 真誠傾聽
21 積極行動
22 回覆一下

提醒：

這些習慣，你缺少了哪幾個？

如果你的答案有半數以上是空的，那麼，你從今天開始就得翻開這本書了。

第一章 一分鐘對待自己

做人行事，只有心中有了準則，才能站得穩腳跟，立於不敗之地。同樣，一個人要想獲得成功，就要學會自己對自己下命令。

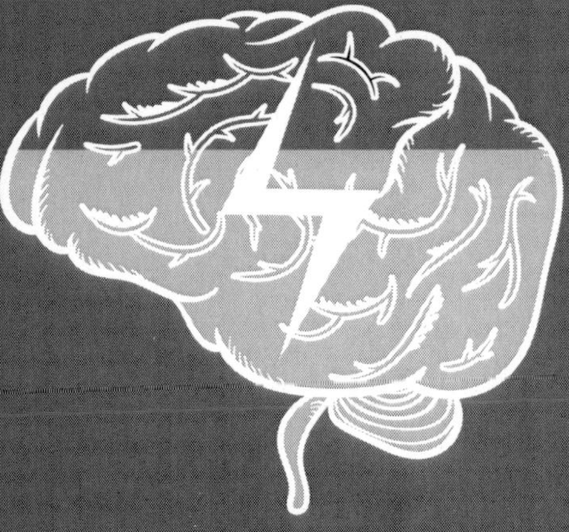

想做，你就馬上做

想做就馬上做，可以使你抓住成功的機遇。一九五四年十二月二十日，是農曆上的吉日，霍英東認定這是個黃道吉日，果斷地投資一百二十萬港幣買下一座大廈，開始房地產生意。香港人多地少，房產必定形勢大好，霍英東看準之後，果斷出手，並靠地產業迅速致富。霍英東轉入地產業，比李嘉誠早四年，比包玉剛早一年。

美國一個大公司的董事長年事已高，一直想找人接班，可是又不確定該讓位給大兒子還是二兒子。

董事長突然有了主意，他告訴兩個兒子：前面有兩匹馬，黑的是大兒子的，白的是二兒子的，誰的馬最後到達終點，就由誰來接班。大兒子聽後在考慮如何比慢，而二兒子卻飛身跨上黑馬，迅速趕往終點。二兒子最終接了班。

在許多時候，人類的發現和發明常常是以「靈感」的形式首先閃現在創造者腦海中的，發明、發現往往是結論或設想在先，而理論或實際做法是後補上去的。這時候，立即行動就顯得尤其重要。如果沒有立即行動，你的思想就只能是幻想，而你一旦行動，則就極有可能抓住了成功的機遇。

伯利恆鋼鐵公司總裁舒瓦普請效率專家哈利進行企業診斷，總裁介紹說：我們知道自己的目標，但不知怎樣更好地執行計畫。

哈利說可以在十分鐘內給他一樣東西，這東西能把公司的業績提高至少百分之五十。哈利遞給總裁一張空白紙條，請他在紙上寫下第二天要做的六件最重要的事。

總裁寫完內容後，哈利讓他在紙條上用數字標明每件事對總裁及公司的重要性次序。哈利接著說：「現在把這張紙放進口袋。明天早晨第一件事是把紙條拿出來，做第一項。不要看其他的，只看第一項。著手辦第一件事，直到完成為止。然後用同樣的方法對待第二項、第三項……直到你下班為止。如果你只做完五件事，那不要緊。你總是做著最重要的事。」

整個會面歷時不過半個小時。幾個星期後，哈利收到一張二點五萬元的支票和一封信。舒瓦普在信上說，從錢的觀點看，那是他一生中昂貴的一課，但是從實際意義上來說，也是他人生中最有價值的一課。

目標再偉大，如果不去落實，永遠只能是空想，因此要想成功，唯一的辦法是：

行動、行動、再行動！

隨時掌握自己的命運

等待別人恩賜，只能養成一種惰性——那就是把命運交給別人。這種人的生存危機是什麼呢？別人給什麼，你就只能要什麼；別人不給什麼，你就得不到什麼。自然，這種時時都會遭受失敗的人，只能把命運拴在別人的褲腰帶上。

從前，有兩個飢餓的人得到了一位長者的恩賜：一根釣竿和一簍鮮活碩大的魚，其中一個人選擇一簍魚，另一個人拿走了一根釣竿，於是，他們分道揚鑣了。得到魚的人原地就用乾柴搭起篝火煮起了魚，他狼吞虎嚥，還來不及品嘗鮮魚的肉香，轉瞬間，連魚帶湯就被他吃了個精光。不久，他便餓死在空空的魚簍旁。另一個人則提著釣竿繼續忍飢挨餓，一步步艱難地向海邊走去，可當他已經看到了不遠處那片蔚藍色的海洋時，他渾身的最後一點力氣也使完了，他也只能眼巴巴地帶著無盡的遺憾撒手人世。

別人的恩賜有什麼用？也許上天最大的恩賜是給了你腦、心、手和腳。

學會對自己下命令

做人行事，只有心中有了準則，才能站得穩腳跟，立於不敗之地。同樣，一個人要想獲得成功，就要學會對自己下命令。從管理學上來說，就是要加強自我管理。

現代社會，市場競爭日益激烈，成功管理者的祕訣就是今天做明天的工作。那麼，如何加強自我管理，今天做明天的工作呢？

第一，相關的事物的準備。如果檔案和文件在電腦中分配得井然有序，你就可以在幾分鐘內迅速查找到所需資訊，以避免不能輕鬆找到所需物品而放慢速度，甚至中斷工作。

第二，最好把便條紙放在某個固定的地方，或把它們收集在標有日期的日記簿裡，以便能迅速發現。

第三，必須熟知可能遇到的所有標準流程。如果確有合理的流程，你就要找到它。如果沒有，那麼就該制定一個了。

第四，足夠的睡眠和合理、健康的日常飲食，是保持良好身體狀況的必要準備。

第五，掌握時間靈活度，快速判斷什麼時候需要更多的幫助。這樣會使你按時趕到工作地點，實施工作計畫並且合理調整工作任務。

第六，與你的同事建立良好的關係，當你需要幫助時，他們願意考慮為你提供幫助。而且，對上級主管和客戶來說，你完成工作的情況必須一向很好，這樣，當你迫不得已說「不」的時候，他們也能給予充分的理解。

第七，預先做好一天的計畫。你了解每項工作可能會發生的問題，並能採取預防措施，防微杜漸。或許你今天就能完成明天必須完成的任務。

第八，喜歡並善於解決問題。當事情出了問題時，不會恐慌得坐立不安，也沒有被最壞的情形嚇倒。你考慮的是，為什麼會出現這些問題？現在要做什麼？以及今後怎樣才能避免這個問題。良好的準備有助你保持冷靜。

不要太忙碌

當代最出色的演員之一，湯姆漢克（Tom Hanks）在電視上接受訪問，回答一個問題時說：「多不一定就是最好的。」他試圖傳達的訊息是，忙碌會礙事。同時進行太多事，有太多計畫或細節要照料，可能會使我們分心，無法達到最佳的狀態；當你的腦子裝得太滿時，就沒有空間可以裝新點子和創意。他說得對極了！

通常，在生意的關鍵時刻，做最佳選擇所需要的只是片刻的沉思。不過，如果你太忙了，到處跑來跑去、慌慌張張的，你通常就會錯過那珍貴重要的一刻。你會看到一團混亂，卻看不見顯而易見的答案。例如，我遇見一位房地產買家，專門收購別人投資失敗的房地產，嘗試重新翻修以後再高價售出，但他告訴我，大部分情況的失敗都是因為忙碌而衝動。「你瞧」，這位成功的商人指著他正在研究的一個案子：

「這幢房子需要的只是一點粉飾，我的前一任屋主就是想讓它盡善盡美才破產的。這幢房子的確有許多問題，可是並沒有想像中那麼嚴重。他們趕來趕去，根本看不見最顯而易見的事。」

表面上看起來表現出忙碌是一個美德。不過，當我們不再擔心是否能夠完成每件事；當我們不再表現出並告訴他人我們有多忙碌時，我們就能夠決定什麼才是最重要的。

不要再煩惱無法完成每一件事。你將會發現，當你給自己多一點空間，不要那麼匆忙時，許多好點子都會自動浮現。你自己最好的點子都不是在你被忙碌淹沒時出現的，而是在忙碌的空檔，當你可以靜靜獨處的時候，智慧才有機會浮現。就從今天開始，看看你是不是可以變得比較「悠閒」一點。結果一定會讓你感到驚喜。

留住「孤芳自賞」的心

韓愈有詩云：「異質忌處群，孤芳難寄林。」此詩之「異質」、「孤芳」皆指社會的異類。

其實，一個人異質、孤芳都沒有關係，就是不能失去最後一道防線：失去孤芳自賞的心。

一個人即使是異質、孤芳，只要他對自己不死心，只要他自己能自我欣賞，這就代表這個人對他自己還是充滿信心的。有信心的人就不會有負面的想法，沒有負面想法，這個人就不會鑽牛角尖，因此尋短自絕的事情絕不會發生在他身上。

從這個論調中，我非常期盼那些目前身處不愉快、不順暢、孤立無援的朋友們，對自身千萬要留下孤芳自賞的心，讓自己從這最底線再行出發，誰言無病無希望？柳暗花明又一村！

不要與你的下屬爭分一杯羹

狼到處吃肉，狗到處吃屎。這是動物的本性，我們是人，這種行為千萬使不得。做為一個領導者，一定要懂得犧牲些，不要事事與部屬、與他人爭。有好的事、好的福利，一定要讓部屬優先，你的屬下、同仁才會敬重你。

有一個大學生剛進政府部門工作。來到這個部門後，他發現部門內部老是出事，而且常亂成一團，經過調查方知上司大錢、小錢都要，福利一個不能少，而且福利一定要比屬下優先享受。有好事自己先報自己的名，做錯了不問原由，先罵罵部屬再說，責任盡往下推，同仁、部屬怨聲載道。

像這種情形，上行下效，所以制度、風氣搞亂了，部門怎能清流正道？這個大學生給部門帶來十二個字訣：建立制度、公平公正、不貪不取。樹立起做人的風格與品味，否則同仁與部屬一生都瞧不起你。

經過一年的整頓與同仁的打拚，如今再看看同仁的心態，上司也漸漸能帶頭做了，並懂得犧牲自己的福利讓與部屬。部屬漸漸有了向心力，也能為這機關共同努力。

朋友，鑒於這個實例，我們應該有所啟示，如果你是上司，你要做個很出色的上司，做個令人起敬的上司，就請你依著上述的精神行之。深信你就可以達到目標，進而你可以改造自身的命運，也能改造他人的命運。

記住：不要與你的下屬爭同一杯羹。

自信是做好一切的基礎

一個人的成就，絕不會超出他自信所能達到的高度。

如果有堅定的自信，即使平凡的人，也能做出驚人的事業來。缺乏自信的人即使有出眾的才幹、極高的天賦、高尚的性格，也很難成就偉大的事業。

堅定的自信，便是成功最大的源泉。不論才能大小、天賦高低，成功都取決於堅定的自信心。

有一次，一個士兵騎馬為拿破崙送信，由於馬跑得速度太快，在到達目的地之前猛跌了一跤，那馬就此一命嗚呼。拿破崙接到了信後，立刻寫封回信，交給那個士兵，吩咐士兵騎自己的馬，快速把回信送去。

那個士兵看到那匹強壯的駿馬，身上裝飾得無比華麗，便對拿破崙說：「不，將軍，我是一個平庸的士兵，實在不配騎這匹華美強壯的駿馬。」

拿破崙回答道：「世上沒有一樣東西，是法蘭西士兵所不配享有的。」世界上到處都有像這個法國士兵一樣的人！他們以為自己的身分卑微，別人所有的一切，是不屬於他們的，以為他們是不配享有的，以為他們是不能與那些偉大人物相提並論的。這種自卑自賤的觀念，往往成為不求上進、自甘墮落的主要原因。

有人認為，生活上一切美好的事物，都是留給一些特殊的人。有了這種卑賤的心理後，當然就不會有成就偉大事業的觀念。許多人本來可以做大事、立大業，但實際上盡做著小事，過著平庸的生活，原因就在於他們自暴自棄，他們沒有遠大的目標，沒有堅定的自信。

與金錢、勢力、出身、親友相比，自信是最重要的，是人們從事任何事業最可靠的資本。自信能幫助人排除各種障礙，克服種種困難，能使事業獲得圓滿的成功。

有些人開始對自己有深層的了解，相信能夠成功，但是一經挫折，他們就半途而廢，這是因為自信心不堅定的緣故。所以，光有自信心還不夠，更須使自信心變得堅定，那麼即使遇到挫折，也能不屈不撓，勇往直前，絕不會因為小小的挫折而退縮。

鑽石就在你身邊

人的一生似乎都在尋尋覓覓，尋找永恆不變的幸福，尋找功蓋千秋的成功。為此人們勞苦終日，行色匆匆。也許到了彌留之際，都找不到自己要找的東西，因為要找的東西可能早已擦肩而過了。

正視自身的缺陷，在再困苦的境地都不能氣餒，不能輕言放棄。認識自己，每個人都有自己的長處，人人都有一個美好的未來。這是希望所在，也是生命的動力。正視自己，只有看清自己，才可能有一個美好的未來。

二十世紀最偉大的人物之一、發明相對論的愛因斯坦，在接受美國普林斯頓大學的教授聘書之後，欣然前往報到。

普林斯頓大學對於愛因斯坦這樣一位偉大的人物，自然是禮遇非凡。

愛因斯坦報到的第一天，就有專人為他服務，引導他去參觀他的辦公室。

愛因斯坦看到寬大的辦公室，像小孩子一樣，十分高興，服務人員周到地問他，辦公室內還缺少什麼設備，如有需要，可以馬上補齊。

愛因斯坦仔細檢視了一下辦公室內的設備，深感滿意，他轉向服務人員說：「一切都很齊全啊！我還需要大量的紙張和筆，方便我的演算。對了，還要一個加大的垃圾桶。」服務人員一一記下愛因斯坦所需的物品，對於最後一樣，服務人員納悶地問：「加大的垃圾桶？有什麼特別的用處嗎？」愛因斯坦笑了笑：「是的，垃圾桶越大越好，因為只有這樣，我才能把我所有的錯誤丟到那裡面去！」

說到鑽石，還有一個農夫的故事。有個農夫擁有一塊土地，生活過得很不錯。但是，當他聽說如果土地底下埋著鑽石的話，他只要有一塊鑽石就可以富得難以想像。於是，農夫把自己的地賣了，離家出走，四處尋找可以發現鑽石的地方。農夫走向遙遠的異國他鄉，然而卻從未發現鑽石，最後，他囊空如洗。一天晚上，他在一個海灘自殺身亡。

真是無巧不成書！那個買下農夫土地的人在散步時，無意中發現了一塊異樣的石頭，他拾起來一看，金光閃閃，反射出光芒。他拿給別人鑑定之後，發現這是一塊鑽石。這樣，就在農夫賣掉的這塊土地上，新主人發現了從未被人發現、最大的鑽石寶藏。

這個故事是發人深省的，它告訴人們一個道理：財富不是僅憑奔走四方去發現的，它屬於那些自己去挖掘的人，只屬於依靠自己土地的人，只屬於相信自己能力的人。

這兩個故事告訴大家生活的最大祕密——在你身上擁有的鑽石寶藏，那就是潛力和能力。你身上的這些鑽石足以使你的理想變成現實。你必須做到的，只是更好地開發你的「鑽石」，為實現自己的理想，付出辛勞。

不要懷疑自己

在現代社會中，有的人總是懷疑自己是否能做好某件事。這種表現說明這些人缺乏自信心，從而使他們做事時總是畏首畏尾，為自己帶來很多麻煩。可見，建立自信心對我們很重要。

有這樣一個寓言故事：有一隻兔子長了三隻耳朵，因而在同伴中備受嘲諷戲弄，大家都說牠是怪物，不肯跟牠玩；為此，三耳兔很是悲傷，時常暗自哭泣。

有一天，牠終於作了決定，把那一隻多出來的耳朵忍痛割掉了，於是，牠就和大家一模一樣，也不再遭受排擠，牠感到快樂極了。

時隔不久，牠因為遊玩而進了另一座森林。天啊！那邊的兔子竟然全部都是三隻耳朵，跟牠以前一樣！但由於牠已少了一隻耳朵，所以，這座森林裡的兔子們也嫌棄牠，不理牠，牠只好離開了。牠錯誤地認為：只要和別人不一樣的，就是錯！

這個寓言提醒了我們，現代人的自信就如同這隻兔子一樣，相當薄弱，對許多事也有太多擔心，因此經常處於不快樂中。事實上，這皆起因於自我認知的不足。

大家是否看過《宋家王朝》這部電影，影片講述了宋家三姐妹靄齡、慶齡與美齡的故事，姑且不論其歷史真實性與批判性如何，其中三姐妹的一句話非常讓人佩服。她們說的是：「我們將來一定要做一個不平凡的人。」試想，這是個多麼偉大的夢想啊！

《宋家王朝》的導演張婉婷在接受電視臺訪問時信心百倍地說：「我要把華人電影推向世界最高峰。」

的確，每個人對生活的品質都有不同期望，你是否也有些期望？而這些期望的實現就有賴你的自信了，自信可以讓你在險惡的環境中打敗很多人。

關於自信的建立有三個方法：

第一，實力的積累：所謂實力的積累，就是專業知識夠不夠。今天無論你是工程師、會計師、律師還是一個路邊的小販，請務必準備好你的執照，並把工作角色扮演到最好。

第二，成就感的提升：自信心的強弱與過去成就感的積累有著密不可分的關係。有些人沒有自信，皆是由於過去沒有成功的例子，反正做什麼都失敗，久而久之自然垂頭喪氣，認為自己是個倒楣的人、失敗的人。

第三，自我激勵：許多人都奇怪有的人精神為什麼隨時都那麼好，表現出一副充滿自信的樣子，其答案是：因為他們最常做的事就是自我激勵。

寫下自我肯定的話

有一位名人說過：沒有人喝彩，就自己為自己鼓掌。

是的，現實生活中，有許多人因為工作的壓力、感情的傷害、事業的不如意而愁眉苦臉，嘆息不止。試一下，我們何不把自己最壞的情緒改頭換面，自己為自己鼓掌呢？比如不要說：「我什麼都怕。」而是應該說：「我很勇敢，很有自信，可以掌控一切。」別老是對自己說：「我老是亂發脾氣。」而是該說：「我一定能夠控制自己的情緒，平靜適當地表達出來。」諸如此類的話。

每天都堅持這樣做，你的心情就會變好，你的思路就會開闊，你的身心就會輕鬆愉快。

對自己要寬容

美國歌手惠妮休斯頓（Whitney Houston）唱過一首歌：「世上最偉大的愛(Greatest love of all)」。

愛自己，首先得學會寬容自己。對自己寬容的含義並不單一，比方說，不要期望自己一夜之間變得完美無缺，不要動不動就因失望而自責甚至自賤。

大家都知道阿Q，其實，「阿Q」是個東西。阿Q會告訴你：「如果你是一個大器晚成之人，又何必在乎一時的失敗呢？」這意味著什麼呢？自我嘲笑！學會嘲笑自己所做的蠢事，並不是一件羞恥的事。

對自己寬容還意味著，當你把事情弄糟時要學會原諒自己。你可以這麼想：「誰能保證事事順心？誰沒有搞糟過？」我們要做的不應是責備，而應該是從失敗、錯誤中學習，汲取教訓，避免以後再犯。

對自己要寬容，把它當成一種習慣，心態肯定會好起來。

採取主動

主動就是使事情按照自己的意圖進行，而不是靠外力推動而行動。

採取主動並不表示要強求、惹人厭或具侵略性，只是不逃避為自己開創前途的責任。

有的人積極進取，常做興趣和能力的測驗，研究適合從事的行業。

有的人卻只有這樣的問題。

「怎麼打聽某行業或某家公司的困境呢？誰肯幫我？」

「我不知該到哪兒去做興趣和能力的測驗。」

「我想不出來該如何表現自己。」

他們只是坐等命運的安排或貴人相助，事實上，好工作都是靠自己爭取而來的。

任何人都別想推卸責任，讓別人替他收拾殘局。

主動是人的天性，尊重這種天性，至少可提供給自己一面鏡子，以便清晰且未扭曲地反映自我。

時刻提醒自己，養成積極主動的習慣，那麼，我們在事業上就會占據有利的地位，在生活中我們就會有自己的優勢，在知識的海洋裡我們會更加地充實。

遇到討厭的人，不妨照鏡子，看看自己

你大概遇見過討厭的人吧？有些人目中無人、不會為別人著想，讓你心情跌落低谷。

此時你不妨回想一下，自己是否也曾像那個討厭的人一樣，專做一些令人受不了的事情？

令人討厭的人，剛好給了你一個提醒：你偶爾也會做令人討厭的事。由此看來，碰到討厭的人你倒可以利用機會反省一下自己。這未嘗不是件好事。

有空常跟自己聊聊

你習慣自言自語嗎？有的人總是喜歡自言自語，在路上、在公車上、在辦公室裡，他們都會自言自語。有些人或許認為這種人有毛病，其實，這並沒有什麼不好的。

自言自語是一種好習慣，是尋求自己心理安慰的好方法。每個人心裡都會有煩惱、不順心的事，如果總憋在心裡是很不舒服的。如果長期這樣，就會給內心帶來巨大的壓力，導致身心疲憊，無精打采，無法集中精力工作，甚至形成病變。

所以，你不必害怕被認為「腦筋有問題」，有機會就盡量自言自語，和自己溝通吧！

當機立斷，放棄那些過於勉強的事物

我們大多數人從小都被期待成為通才。

但是，一進入社會你立刻會了解，任何人都不可能十項全能，你只能在「一百公尺賽跑」和「五項全能」中選擇一項。

所以，人生與其說是不斷地選擇，不如說是學習放棄的過程。

知道如何割捨，你才能找到真正適合自己的道路。

什麼都不放棄的人，最後反而會一無所有。

智者曰：「兩害相衡取其輕，兩利相權取其重。」說的正是這一道理。

當機立斷，放棄那些過於勉強的事物，是讓生活面對清醒的選擇。只有這樣，我們才能卸下人生的種種包袱，輕裝上陣，安然地等待生活的轉機，渡過風風雨雨；懂得當機立斷，適時放棄，我們才能擁有一份成熟，才能活得更加充實、坦然和輕鬆。

適時地表現出自己的專長

要在激烈競爭之下出人頭地，就必須要有自己的專長，也就是高度的專業知識，並且要適時地表現自己的專長。

一個人具有一般的業務常識，這並沒有什麼值得炫耀的，因為這是他的本分。一個人是否能夠成為這一行之中的佼佼者，就看你是不是具有比其他人更豐富的專業知識。

幾十年前高中畢業的吳先生是位廣告傳播公司的員工，他沒有其他專長，在廣告公司裡並不特別出色。當公司剛開始引進電腦的時候，公司召開了幹部會議。使用電腦在今天來說已經是人盡皆知的基本知識，但在當時幾乎沒有幾個人了解其中的奧妙。雖然在會議中電腦供應商已經非常詳細地教導大家，但由於這些管理階層的幹部幾乎都是文科畢業，聽了也是一知半解。

最後，輪到了這位高中畢業生發表意見，他的意見非常具有深度，讓大家都大吃了一驚，就連理工科畢業的技師都自嘆不如。

結果，這位高中畢業生被拔擢為資訊室的主管，如今，他依然在這個工作上表現得非常出色，成為廣告圈的名人。他在身為業務員時就已經預測到有一天電腦會流行，所以私底下吸收了許多這一方面的知識。

所謂專長指的就是這個。暗藏實力而讓大家覺得你具有不容忽視的能力，這樣才能得到別人的尊敬與信賴，也才能拓展自己的交際範圍。

第二章 一分鐘對待工作

一個人要想獲得成功，最好的捷徑就是選擇一種哪怕沒有任何報酬自己也願意努力去做的工作。當你這樣做時，金錢就會自動地隨你而來。

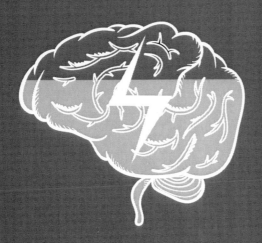

工作也須量體裁衣

很好地選擇工作，有利於事業的發展，且在選擇工作之時須量體裁衣，不以錢財的多寡，而是以幸福和快樂作為終極目標。如此方能在快樂中去工作，在工作中品味幸福。

有一位大學生是一流的創意策劃高手，他在某合資廣告公司任職時，為客戶創作出許多絕妙的創意，當然公司待他也不薄，收入很豐厚。但這位老兄認為自己還是被剝削了，一心要創辦自己的公司。但公司創辦不久，就發現公司裡好像只有他一人在做事，他實在不知道如何管理他的這些部屬，每當看見員工犯錯，他就忍不住大發雷霆。結果他的公司至今仍在風雨飄搖之中，他做得很疲憊，再也沒有以往的絕妙靈感與春風得意。

如果你是一個優秀的業務人員，可以要求老闆為你加薪而不一定非要得到職務的提升；如果你是老闆，寧可給你的搖錢樹豐厚的紅包與榮譽，而不要把他陷入行政事務之中。

人往高處去，水往低處流。誰都想獲得更高的職位，擁有更多的權力，這本無可厚非。但問題是：是不是只有讓你當主管才是對你能力才華的唯一認可呢？擔任主管做管理工作是不是你的強項？你處理人際關係是否如同處理技術業務一樣得心應手綽綽有餘？或許你在技術業務上做下去，一樣能成就一番事業。

不積跬步，無以致千里

偉大的事業是由無數個微不足道的小事情積累而成的，小事情做不好，大事情也不會成功。另外，要懂得何為工作的終極目標。

一群年輕人到處尋找快樂，卻遇到許多煩惱、憂愁和痛苦。

他們向蘇格拉底請教：「快樂到底在哪裡？」

蘇格拉底說：「你們還是先幫我造一條船吧！」

這群年輕人暫時把尋找快樂的事兒放到一邊，找來造船的工具，用了七七四十九天，鋸倒了一棵又高又大的樹，挖空樹心，造出了一條獨木舟。

獨木舟下水了，他們把蘇格拉底請上船，一邊合力蕩槳，一邊齊聲唱起歌來。蘇格拉底問：「孩子們，你們快樂嗎？」

他們齊聲回答：「快樂極了？」

蘇格拉底道：「快樂就是這樣，它往往在你為著一個明確的目的忙得無暇顧及其他事情的時候突然來訪。」

工作的終極目標是為了獲得快樂與幸福。要從工作中找到對自己的信心，充分發揮本身的潛能，創造事業及財富，才算成功。一個不快樂的工作者是無論如何都跟這目標南轅北轍的。但有一些人則是以錢財多少作為工作終極目標，豈不悲哉。

賺錢不是人生目標

朋友，你一定聽過這樣一句至理名言：金錢不是萬能，沒有錢卻萬萬不能，由此可見，金錢在人們心目中的地位是很高的。錢只是人們之間交換物品的媒介，人實在不應該成為金錢的奴隸，更不應該把賺錢當成人生目標。被人們譽為「鋼鐵大王」的安德魯．卡內基在他三十三歲時就使自己建立的鋼鐵公司躍升為美國最大的鋼鐵公司。那一年，他在自己的備忘錄中寫道：人生必須有目標，而賺錢是最壞的目標。沒有一種崇拜比崇拜財富更糟糕的了。

有一個天才麵包師，一生下來就對麵包有著無比濃厚的興趣，聞到麵包的香氣就如醉如痴。長大後，他如願以償地作了麵包師。他做麵包時，要有絕對精良的麵粉和奶油；要有一塵不染、閃光晶亮的器皿；幫忙的女孩要令人賞心悅目；伴奏的音樂要稱心宜人。四個條件缺一不可，否則醞釀不出情緒，沒有創作靈感。他完全把麵包當作藝術品，哪怕有一勺奶油不新鮮，他也要大發雷霆，認為這簡直是難以容忍的褻瀆。哪一天要是沒做麵包，他就會滿心愧疚：饞嘴的孩子和挑剔的女孩只能去吃那些粗製濫造的麵包了。他從來不去想今天少做了多少生意，賺多少錢，然而他的生意卻出人意料地好，超越了所有比他更迫切賺錢的人。

不是說，工作可以不靠金錢的維持，更不是說，人們可以不靠金錢而生存。金錢本該是工作的回報，而且應該是工作越好，金錢的回報越多。問題只是，當你把注意力由工作轉向金錢之後，分散了對工作的專注，偏離了工作原來的指標，摻入了功利的雜質，為求迅速達到賺錢的目的而完成，為求較普及的市場而迎合大眾，以初步的成功所賺來的金錢為終極的成功巔峰，不再追求精進，只在淺薄的水準上重複一項初步的完成。大家可以看到，太多有天分的鋼琴學生為了教琴賺錢，而最終未能成為一位更好的鋼琴家；人們看到太多的藝人，在剛起步時的成功之後，就停留在這一階段，在舞臺上活躍一陣子之後，迅即消失。急功近利的做事態度，使人直接地奔向金錢，而無心顧及理想，更無暇完成理想。

做一個不為薪水工作的職員

很多剛踏入社會的年輕人，他們對自己充滿了很高的期望，覺得自己富有學識，應該立刻得到一個薪水豐厚職位顯赫的工作。在他們的眼中，薪水成了一種衡量成敗的標準。而事實上是怎樣的呢？許多剛從學校畢業的年輕人，他們沒有什麼工作經驗，老闆怎麼能把重要的職務交給他去做呢？既然這樣，他們又憑什麼向老闆索取高薪呢？由於得不到這些，許多年輕人都抱怨老闆，並且對工作也毫無熱情。

今天，許多年輕人都把社會看得十分冷酷和嚴峻，他們變得比他們的父輩們更加現實，這也許和他們看多了父輩們被老闆無情地「炒魷魚」的現象有關。於是，在他們眼中，工作成了這樣一條簡單的定義：我為公司工作，公司付給我同樣價值的報酬，等價交換。他們絕對不會去為公司多做一點點。在他們的眼中，薪水就是一切，學生時代曾經的夢想之花早已凋落。他們工作時缺乏信心、缺乏激情，他們以應付的姿態對待一切，能偷懶就偷懶，能逃避就逃避，他們以此來表示對老闆的抱怨。他們工作僅僅就是為了對得起這份薪水，而從來沒想過這會與自己的前途有何聯繫，他們也不會去考慮家人和朋友的想法。

為什麼會出現這樣的現象呢？我認為這是由於人們缺乏對薪水的認識和理解所致。許多人總認為老闆付給自己的薪水太低，但可惜的是，他們放棄了比薪水更重要的東西。

心理學的研究結果顯示，金錢到達一定程度的時候對人來說就不再具有誘惑力了。也許，你現在還遠遠沒有達到那種境界，但是，如果你是一個聰明人的話，你會發現，薪水只不過是你所獲得報酬的一種。很多事業成功的人，如果在沒有利益回報的情況下，他們是否願意努力去做自己的工作呢？他們會說：「我絕對會一樣全力以赴地去工作，因為，我熱愛我的工作。」一個人要想獲得成功，最好的捷徑就是選擇一種哪怕沒有任何報酬自己也願意努力去做的工作。當你這樣做時，金錢就會自動地追隨你而來，所有的公司也將競相聘請這樣的人才，而且他們願意為此付出更高的報酬。

不要做一個為薪水工作的職員。工作雖是為了生計，但是，透過工作使自己的潛能得到充分發揮，比什麼都重要。假如工作僅僅為了餬口，你的生命價值將因此而大打折扣。

你的追求不要只侷限於滿足生計，而要有更高的追求。千萬別這樣對自己說，工作就是為了賺錢，你要看到比薪水更高的目標。

放棄是為了獲得更多

假如你發現你的老闆確實並非智者，而且，他也的確忽略了你的努力，沒有給你相應的回報，那你是否就應該為此而懊喪呢？千萬別這樣，你可以這樣去想：我現在的努力並非為了即刻就得到回報，而是為了長遠的未來。人生不只有今日，還有更多的明天。努力多賺取薪水固然需要，但更需要的是怎麼獲得不斷晉升的機會，為以後獲得更多的報酬打下基礎。如果一個人沒有長遠的目光，成天只想著解決溫飽，那他也永遠只能溫飽。

在手工業的時代，很多年輕人為了獲得一門技藝常拜師多年，連一毛錢的報酬都沒有，但他們卻沒有因此而產生任何抱怨。

產生這種現象的原因依舊是對薪水的看法不一樣。手工業時代的年輕人和家長都把獲得一門技能和知識的機會視為珍寶，他們奮力學習就是為了日後自己也能開間作坊或店鋪。可是，今天的年輕人呢？他們眼中只有眼前利益，只為賺錢用來消費和享受，毫無長遠目光。

時代在變，看待問題的視角也在變，注重現實利益並非錯誤。但是，只注重現實利益而忽視培養能力是萬萬不能的，後者比前者要重要得多。

放棄是為了獲得更多。也許你薪水很低，但要認識到老闆為你安排的任務可以得到更多的鍛鍊。工作可以發揮並提高我們的才能，與他人合作可以培養我們的人格，與客戶交流可以訓練我們的溝通能力。

俾斯麥就是一個很好的例子。他在德國駐俄外交部門工作時，薪水十分低，但他卻沒有因此而不努力，恰恰相反，他因此學到了許多外交技巧，他後來的政治活動與這段時期的鍛鍊是分不開的。

很多富翁在剛開始工作時也沒有高薪，但他們卻不因此而放棄努力。對他們來說，能力、經驗和機會比金錢更重要得多。當他們獲得最終的成就時，誰能說清楚最開始的工作給他們帶來了多大的收入呢？

在工作中，你要不斷地這樣對自己說，我要為自己的今天和明天奮鬥。不管你的薪水是高是低，這都只是你從工作中獲得的一小部分。別拘泥於薪水，要把精力放在接受新的知識、培養新的能力、展現你的才華上面，這一切才是真正有價值的東西。在你未來的人生路上，這一切比你的資金積累要重要得多。

任何工作都值得做好

任何工作都值得我們做好，而且是用百分之百的精力。

畫家莫內曾畫過這樣一幅畫，畫面上描繪的是修道院裡的情景，幾位正在工作著的天使，其中一位正在架水壺燒水，一位正提起水桶，還有一位穿廚衣的天使，正在伸手去拿盤子。哪怕是生活中再平凡不過的事，天使們都全神貫注地去做。

行為本身說明不了它自身的性質，而是由我們行動時的精神狀態來決定。工作單不單調，也由我們工作時的心境來決定。

我們的人生目標將指引我們的一生，你的工作態度，將讓你與其他人分別開來。它或者使你思想更開闊，或者使你變得更狹隘，或者讓你的工作變得崇高，或者變得俗氣。

做任何一件事對我們的人生來說都是極具意義的。做一位水泥工，你也許會從磚塊和泥漿中發現詩意；做一名圖書管理員，你或許可以在工作之餘使自己獲得更多的知識；做一名教師，也許你為教學工作感到厭煩，但是，只要你見到你的學生，你一定會變得快樂起來。

不要用他人的眼光來看待你的工作，也不要用世俗的標準來衡量你的工作，如果這樣做的話，只會讓你覺得工作單調、無聊、毫無價值。這就像我們在外面觀察一個大教堂的窗戶，上面也許布滿了灰塵，十分灰暗，沒有光華，但是，如果我們推門走進教堂，將會看到另外一幅景象，色彩絢麗、線條清晰，在陽光之下教堂裡會形成一幅幅美的圖畫。

這向我們提供了一條真理：從外部看待問題是有侷限的，只有從內部觀察才能看透事物的本質。有的工作表面上看十分無味，只有當你身臨其境，努力去做時才能體會到其中的樂趣與意義。所以，不管你是什麼樣的人，都要從工作本身去理解你的工作，把工作看成你人生的權利與榮耀，這將是你保持個性獨立的唯一方法。任何事情都值得我們努力做，別輕視你做的每一件事，哪怕是一件小事，你也要竭盡全力、盡職盡責地把它做好。

能把小事情順利完成的人，才有完成大事情的可能。一個走好每一個腳步的人，絕不會輕易跌倒，而這也是透過工作獲得偉大力量的奧祕。

把工作看作樂趣

不管你的處境有多麼糟糕，你也千萬不能因此而厭惡你的工作。如果因為環境所迫，你不得不做些乏味的工作，你也要設法使工作變得充滿樂趣。以這樣一種積極的態度工作，你將得到你意想不到的結果。工作可以讓你從中獲得經驗、知識和信心。你的工作熱情越高，決心越大，你的工作效率也就越高。當你充滿熱情地工作時，工作就會充滿樂趣，你再也不會把上班當成一件苦差事了，而別人也願意聘用你來做喜歡的事情。

工作就是為了使自己獲得更多的快樂！如果你把每天八小時的工作看作是在游泳，這是一件多麼愜意的事啊！

別看有許多人在大公司裡工作，他們知識淵博，受過專業訓練，每天穿梭在辦公室之間，工作體面，而且有一份不錯的薪水。但他們不一定比你更快樂。他們是孤獨的，他們不願與人交流，他們不喜歡上班，工作也僅僅是為了生存，他們常常因此而憂心忡忡，健康狀況十分糟糕。

當你發現你把一項工作當成樂趣的時候，你就不要再去更換工作了。而如果你覺得工作壓力越來越大，工作對你而言只有緊張，毫無快樂可言時，那就說明你有些地方不對勁了。要想從根本上解決這個問題，你必須從心理上調整自己，否則換一萬次工作也是枉然。

如果一個人能以精益求精的態度，火熱的激情，充分發揮自己的專長來工作，那他做什麼都不會覺得辛苦。如果一個人鄙視、厭惡自己的工作，那他一定會失敗。真摯、樂觀的精神和不屈不撓的毅力才是引導人們走向成功的指南針。無論你做的是什麼樣的工作，都要用百分之百的熱忱去努力。這樣，你就可以從平庸卑微的狀態中解脫出來，勞碌辛苦將離你而去，你也不會再有厭惡的感覺。

有一些剛走上社會的大學生常常抱怨自己所學的科系，於是我就這樣問他們，要是你選擇的科系與你的興趣完全相反，當初你為什麼要選擇它呢？如果你為你的科系已經付出了幾年的時光，那麼，這已經說明你是足夠可以忍受這個科系的。

一個成功的人，他總是把工作當成一件快樂的事，並且，他還樂此不疲地把這份愉悅傳遞給別人，使人們願意與他交往和共事。

年輕人，把工作當成人生最有意義的事吧！把與同事共處看成一種緣分，把與顧客、合作夥伴見面當成樂趣吧！

工作能讓你的精神健康，在工作中不斷思考，工作將變得無比快樂！

勤奮工作吧

古羅馬皇帝在臨終時為羅馬人留下這樣一句遺言：「勤奮工作吧。」當時，他的周圍聚滿了士兵。

羅馬人有兩條偉大的箴言，那就是勤奮與功績，這也是羅馬人征服世界的祕訣。那時，任何一個從戰場上勝利歸來的將軍都要走向田間。那時的羅馬最受人尊敬的工作就是農業生產，正是整個羅馬人勤奮的品行，終於使這個國家逐漸變得富強。

但是，當財富和奴隸慢慢增多時，羅馬人開始覺得努力工作變得不再必要了，於是，這個國家開始走向衰敗，懶散導致罪犯增多、腐敗滋生，一個偉大的帝國就這樣消失了。

許多看似即將成功的人，在別人眼中他們就應該成為一個非凡的成功者，但事實上他們都沒有做到。這是什麼原因呢？就是因為他們沒有為成功付出相應的代價。他們渴望抵達輝煌的頂峰，但卻不願跨過艱難的山路，他們不願參加戰鬥，卻又想獲得勝利，他們不願遇到阻力，卻又希望一切順利。

懶惰的人總是抱怨自己無能，連自己家人的溫飽問題都解決不了。但勤奮的人卻說：「我沒有什麼天資，只會拚命工作換取麵包。」

勤奮工作吧！只有勤奮工作，你才可能獲得成功、財富與榮譽。不要因為遇到困難就打退堂鼓，更不要因此就敷衍了事，勤奮將指引你越過所有的艱難險阻，直到成功。勤奮工作將給你機會，任何一個老闆都會賞識勤奮工作的員工，這是一種值得任何人尊敬的美德，走到哪裡，它都會為你增添光彩。

不要貪圖安逸，這只會讓你變得墮落，整日遊手好閒只會讓你退化，只有勤奮工作才是高尚的，它將帶給你人生真正的樂趣與幸福。當你明白這一點時，請立刻改掉你身上的所有惡習，努力去找一份適合你的工作，你的境況將因此而改變。

讓敬業成為一種習慣

眾所周知，職業的定義即社會賦予個人的使命與責任，如果把它理解為一種崇高的精神境界也毫不為過，那麼，對於敬業這個詞的解釋就更加容易。敬業，顧名思義就是尊敬並重視自己的職業，把工作當成私事，對此付出全身心的努力，加上認真負責、一絲不苟的工作態度，即使付出再多的代價也是心甘情願，並能夠克服各種困難做到善始善終。如果一個人能如此敬業，那麼在他心中一定有一種神奇的力量在支撐著他，這就叫做職業道德。從古至今，職業道德一直是人類工作的行為準則，在世界飛速發展的今天，更是得以發揚光大，並成為成就大事所不可或缺的重要條件。

在競爭如此激烈的現代社會，毫不誇張地說，一個公司的生死存亡，取決於員工的敬業程度。只有具備忠於職守的職業道德，才可能為顧客提供優秀的服務，並創造出優秀的產品。如果把界定的範圍擴大到以國家為單位，那麼一個國家能否繁榮強大，也取決於人民是否敬業。例如：身為警察就要為民眾盡職盡責；醫生則應一絲不苟，救死扶傷；政府官員應及時體察民情，為百姓解決實際問題。其實，只要構成社會的每個單位都能做到愛職業如愛家，那麼這個社會就是一個無堅不摧的整體。

不幸的是，任何行業、任何工作領域裡都會有一部分人，總是在工作中偷懶，不負責任，經常為自己的失職尋找藉口，並不知悔改，或許，在他們的頭腦裡根本沒有對敬業的理解，更不會認為職業是一種神聖的使命吧。

每個人的敬業所帶來最直接的結果當然是公司企業的不斷發展，以及老闆個人財富的不斷增加，但是個人所獲得的巨大利益就不能以金錢來衡量了。

當敬業意識深植於我們腦海裡，那麼做起事來就會積極主動，並從中體會到快樂，從而獲得更多的經驗，取得更大的成就。當然，要取得最終的成功還需要長期的努力，不會迅速見效，但如果不具備敬業精神，那也就不會有成功的可能了。工作上的馬虎失職，也許對公司並不會造成嚴重影響，但長此以往，也就葬送了你的前程。

勤奮努力地工作也許沒有得到老闆的重視，但肯定會得到同事的尊敬，那些對工作並不認真負責卻能利用手段攀上管理職位的人，雖然獲得暫時的虛榮，卻受到同事的鄙視，同時也毀掉了繼續升遷的道路。投機取巧可以讓你很快得到一定的財富，但不要忘了你會為此付出巨大的代價，那就是名譽掃地。人生最寶貴的財富即是良好的個人名譽。一個人即使你沒有一流的能力，但只要你擁有敬業的精神，同樣會獲得人們的尊重；反之，即使你的能力無人能比，但沒有基本的職業道德，一定會招致社會的遺棄。

得到人們尊敬的同時你也會獲得更多的自尊心和自信心。不要為低微的職位和薪水而抱怨，不必為老闆的不賞識而喪失鬥志，只要勤勤懇懇，任勞任怨，不惜投入精力和時間，定會找到工作的樂趣，得到滿足感和自豪感，並獲得別人的尊重。保持著必將勝利的信心，你會把本職工作做得更加出色。

自動自發地工作

「我欽佩的是那些不論老闆是否在辦公室都會努力工作的人，這種人永遠不會被解僱，也永遠不必為了加薪而罷工。」《致加西亞的信》一文中如此寫道。如果只在別人注意你的時候你才有好的表現，你將永遠也達不到成功的巔峰。你應該為自己設定最嚴格的標準，而不應該由他人來要求你。

那些成大事者和平庸的人之間最大的區別就在於，成大事者總是自動自發地去工作，而且願意為自己所做的一切承擔責任。要想獲得成功，你就必須敢於對自己的行為負責，沒有人會給你成功的動力，同樣也沒有人可以阻撓你實現成功的願望。

例如，一個年輕人在商店工作時，完成了老闆安排的任務後，把顧客的購物款記錄下來。後來，他被升為財務主管。

從這件事我們得到的啟示是：做好本職工作的同時，應該多做一點，哪怕是老闆沒要求我們這麼做。無論從事什麼樣的工作，只要你這麼做就可以超越別人，這不僅讓你與眾不同，也會為你的成功鋪平一條道路。

任何一個在公司裡工作的職員都應該相信這一點。從現在就開始行動吧！不要猶豫，更不要等你找到理想的工作那天，只要你主動一些，一切就會變得美好起來。主動是什麼？主動就是不用別人告訴你，你就可以出色地完成工作。一個優秀的員工應該是一個自動自發工作的人，而一個優秀的管理者則更應該努力培養員工的主動性。

主動地去做好一切吧！千萬不要等到老闆來催促你。不要做一個墨守成規的員工，不要害怕犯錯，勇敢一點吧！老闆沒要求你做的事你也一樣可以發揮自己的能力，成功地完成任務。

善於尋找工作中的樂趣

有了興趣、嗜好，人們就會自覺地從事或追求這種愛好的事情。興趣、嗜好是一種動力，它使人勤奮，使人堅持不懈地做下去。興趣、嗜好還會給人愉快感。

人們在從事自己所喜愛的事情時，總是感到有一種莫名的興奮感和滿足感。沒有人有羅馬皇帝圖密善這樣的嗜好：他喜歡捕捉蒼蠅。馬其頓國王特別喜愛製作燈籠，法國皇帝喜歡製鎖，這算得上是令人尊敬的嗜好了。即使有一些壓力的那種日常的機械式重複性工作或職業，對於一個人來說也是一種寬慰和快樂。工作之餘的一點空檔，勞動之餘的一點點消遣或休息，都與工作、勞動和職業相映成趣。幸福和快樂往往在勞動過程之中而不是在於結果。

最好的興趣嗜好當然是求知慾。那些精力充沛、智力發達的人們在完成日常工作之餘，可以從事自己愛好的事業，有人鑽研科學，有人鑽研藝術，有人從事文學創作。有這種高雅業餘嗜好的人是真正高尚和幸福的人。當然，任何事物都要講究一個限度。對知識的追求和愛好這一嗜好也不能任其自由發展，如果過度，就會使人精疲力竭、精神萎靡不振，自己的分內之事都做不好，這就是本末倒置了。不論工作有多單調、多累人，如果在它的盡頭看到自己的目標，那個工作便能帶給你滿足。

不過，有時候某個工作也許需要付出極大的代價才能達到目標，假使你的工作正是如此，倒不如換一個。因為對工作的厭倦會滲透到生活中的每一個角落。

話又說回來，假使這個工作值得你去努力，而你仍不快樂，就要想辦法「化不滿為靈感了」。

如果你的工作不能得心應手，並且受到內心的排斥，人家就會說你是「圓孔裡的方釘」。在這種不愉快的情況下，不妨改變自己的工作，重新投入自己喜歡的環境裡。

也許換一個工作並不那麼容易，這時就應該多作調整來配合自己的個性和能力，使自己快樂。果真如此，你就要「把圓孔變方」。這種方式可使自己的態度由消極變為積極。

如果你能培養熾烈的欲望來這樣做，便可以用新看法和習慣改變原有的事物。只要有充分的動機，你也可以「把方釘變圓」。不過在改變自己的看法和習慣以前，要先作好面對心理和道德衝突的準備。只要願意付出代價，一定可以獲勝。也許你覺得支付每一期的分期付款很吃力——尤其是前幾期。一旦付清了所有的款項，新的個性就會發揮控制力量，舊有的習性自然溜走。這樣你就會快樂起來，因為你做的正是天生順手的事。

在這段內心掙扎的期間，你必須極力保持身體、心理和品德上的健康以確保成功。

將嗜好融入工作中

為了說明如何「將嗜好融入工作中」，牛津大學的一位研究人員舉了這樣的例子：凱西以前在一家律師事務所工作，一年秋天在她去看望定居法國的哥哥時，由於沒什麼事好做，她哥哥帶她去參觀附近的雕刻坊，那時候，雕刻對於凱西來說，還非常陌生，那一天卻改變了凱西的一生。

出於熱情，她開始頻繁出入雕刻坊，學習所有和雕刻有關的知識。此後，她一邊從事日常工作，一邊利用業餘時間進行雕刻。漸漸地，雕刻在她生活中所占的位置越來越重要，各式各樣的材料和工具把她的房間擠得滿滿的，以至於她不得不在家裡開設工作室。她的努力很快就得到了回報，她的作品不斷出現在最新的藝術展上，還有不少美術館要求收藏。最後，她辭掉了工作全力投入雕刻，現在，她已是一位很有影響力的藝術家了。

另外，把嗜好和工作結合起來，生活就會充滿樂趣。查理的工作是物理治療，但他卻酷愛飛行，所以他選擇在偏遠的旅遊區工作。在假日，那裡會有一些旅行者意外受傷，他用直升機把傷者帶到城市進行治療。這樣，他的工作不再令人煩悶厭倦了，每天他都覺得精神抖擻，在飛行中感覺到了生活的美好。

這位研究人員指出：「如果你還在為選擇什麼樣的工作犯愁，那麼，弄清自己的興趣所在，然後從此下手，這是把你引向快樂之星最簡單的辦法。」

進職場之前，先向前輩學習

工作的過程是一個不斷學習的過程。有事業心並且在事業上有所成就的人會在工作中不斷地學習、積累經驗，但有些人卻找不到學習的對象，不知從何學起。其實，公司中的老前輩就是非常值得我們學習的對象。何謂前輩？我們可以把比我們先進公司的人都稱為前輩。因為，前輩們到公司的時間比我們長，經驗多，業務熟練，他們知道許多我們不懂的東西。

所以，養成尊敬前輩，虛心向前輩學習的習慣，對我們的工作有很大的幫助。他們會在你迷惘時為你指點迷津，會在你困惑時幫你找到問題的答案。

沒有人找你

做事，你可以毛遂自薦，工作中有許多機會是靠自己去拓展的，而放不下架子的人在工作中就不會有成就。如果沒有人找你做事，你完全可以毛遂自薦。這不但可以為自己創造很多鍛鍊機會，使自己的能力有所提高，而且可以多接觸上司，使你在他們心中的印象更深刻，對將來個人的發展很有幫助。

大牌影星勞勃狄尼洛有個習慣，他隨時蒐集各種新的劇本，發現其中有適合自己的角色就主動向製片人要求試鏡，即使和其他新秀一起競爭也沒關係。

正是因為勞勃狄尼洛有這個習慣，才為他創作了更多的經典作品打下了基礎。

如果你只是被動等待，那麼，你將失去許多開發自己能力的機會。

職場高效能人才的習慣

二十一世紀以前人們提倡高素養人才，到了二十一世紀就應是高效能人才的天下了。高效能人才指的是高素養、高能力、高效率的人才。在職場中高效能人才應具備以下幾種良好的工作習慣：

(1) 以終為始

「以終為始」的習慣可以適用於各個不同的生活層面，而最基本的目的還是人生的最終期許，它是以所有事物都經過兩次創造的原則為基礎的。所有的事物都有心智的即第一次創造，和實際的即第二次創造。我們做任何事都是先在心中構想，然後付諸實現。

(2) 要事第一

有效管理是掌握重點式的管理，它把最重要的事放在第一位。由上司決定什麼是重點後，再靠自制力來掌握重點，時刻把它們放在第一位，以免被感覺、情緒或衝動所左右。要集中精力於當急的要務，就得排除次要事物上的牽絆，此時要有說「不」的勇氣。

(3) 雙贏思維

利人利己者把生活看作是一個合作的舞臺，而不是一個競技場。一般人看事多用二分法：非強即弱，非勝即敗。其實世界之大，人人都有足夠的立足空間，他人之得不必就視為自己之失。

(4) 知彼解己

知彼解己——首先尋求去了解對方，然後爭取讓對方了解自己。這一原則是進行有效人際交流的關鍵。

了解別人與表達自我是人際溝通不可缺少的要素，但有時我們有喜歡匆匆忙忙下建議來解決問題的傾向。

(5) 統合綜效

在互賴關係中，綜合效益是對付阻撓成長與改變的最有力途徑。助力通常是積極、合理、自覺、符合經濟效益的力量；相反地，阻力多半消極、負面、不合邏輯、情緒化、不自覺。不設法消除阻力，只一味增加推力，就彷彿施力於彈簧上，終有一天引起反彈。如果配合雙贏的動機、心理的溝通技巧與統合綜效的整合功夫，不僅可以破解阻力，甚至可以化阻力為動力。

(6) 不斷更新

人生最值得投資的就是磨練自己，因為生活都得靠自己，這是最珍貴的工具。工作本身並不能帶來經濟上的安全感，具備良好的思考、學習、創造與適應能力，才能立於不敗之地。擁有財富，並不代表經濟獨立，擁有創造財富的能力才真正可靠。

傑出管理者的習慣

如果你不具有這些習慣，你就很難成為管理者；如果你已是管理者而仍無這些習慣，你就是一位非常糟糕的管理者。好習慣可以改變人的一生。有一些習慣是管理者必備的，這些習慣並不複雜，但作用卻非常顯著。

習慣之一：延長工作時間。作為一名管理者，不僅要將本職的事務性工作處理得井井有條，還要應付其他突發事件，思考部門及公司的管理及發展規劃。有大量的事情不是在上班時間出現，也不是在上班時間可以解決的，這需要你根據公司需要隨時為公司工作。

習慣之二：始終表現對公司及產品的興趣和熱愛。你應該利用任何一次機會，表現你對公司及產品的興趣和熱愛，不論是在工作時間，還是在下班後；不論是對公司員工，還是對客戶及朋友。當你向別人傳播你對公司的興趣和熱愛時，別人也會從你身上體會到你的自信及對公司的信心。沒有人喜歡與悲觀厭世的人打交道，同樣，公司也不願讓對公司的發展悲觀失望或無動於衷的人擔任重要工作。

習慣之三：自願承擔艱巨的任務。公司的每個部門和每個職位都有自己的職責，但總有一些突發事件無法明確地劃分到部門或個人，而這些事情往往還都是比較緊急或重要的。你應該從維護公司利益的角度出發，積極去處理這些事情。如果這是一件艱巨的任務，你就更應該主動請纓，承擔下來。承擔艱巨的任務是鍛鍊能力的難得機會，會迅速提升你的能力和經驗。

習慣之四：工作時間避免閒聊。在公司並不是每個人都很清楚你當前的任務和工作效率，所以閒聊只能讓人感覺你很懶散或很不重視工作。另外，閒聊還會影響他人的工作，引起別人的反感。如果你沒事可做，可以看本專業的相關書籍，查找一下最新的專業資料等。

習慣之五：向公司主管提出部門或公司管理問題及建議。你的上司可能不會安排你做這些事情，但你的管理能力卻是上司考核你的重要內容。必須讓別人感受到你始終關心公司的發展。只要這些方法行之有效，提高部門的工作效率，你的工作就會被肯定。

傑出 CEO 的習慣

CEO 是近兩年最時髦的名詞，也是個人財富和地位的象徵。作為一個 CEO 究竟應該有什麼樣的素養呢？以下給你一些答案。有了這些素養不能保證你一定能當上 CEO，但如果沒有這些素養，就很難成為一個合格的 CEO……。

（1）有勇氣、有衝勁，謙虛、善於管理，能夠在創業之初勇於冒險，勇於衝破各種現有的障礙。所謂的「善於管理」是指既能完成自己的工作，又能遊刃有餘地應付各種或積極、或消極的結果。遭遇挑戰時，謙虛的美德只是次要問題。

（2）有實力、頑強，靈活、慷慨、重視對自我的不斷挑戰，把自我的價值與可以量化的結果連繫在一起。確定明確的目標，推動自己不斷努力，成功的過程中必須小心區分執著與僵化的區別。如果能對變化的環境及時做出反應，領導者的地位就更容易確立。

（3）承認錯誤，無須道歉。當問題發生時，應該勇敢地分析局面，冷靜地找出原因，總結經驗，避免重蹈覆轍，道不道歉並不是最重要的。

（4）自信，並不斷自我完善。應該不斷積累各種經驗和技能，技能越多，職業的拓展空間越大。在自信的同時絕不自負，不斷吸取外界的精華才是充實自我的關鍵。

（5）坦率、富於創新，三思而行。坦率與創新精神說明你思維活躍，有新意；「三思而行」說明你有節制，不輕狂，做決定之前能採取一種謹慎的態度。

（6）能夠將對事業的熱愛轉化成強大的進取動力。熱愛自己經營的事業，就會有強大的動力支持你不斷努力。

第三章　一分鐘對待生活

俗話說：「相由心生，境隨心轉。」如果你整天沉溺在自己悲傷的情緒中，日久天長，別人眼中的你就是眉頭深鎖的苦命人；相反地，若你能夠從生活中隨處取些點點滴滴的快樂，自然而然，你的眉宇間就會散發出動人的光彩。快樂是自我的，只要換個想法，轉個念頭，人生就會更好。

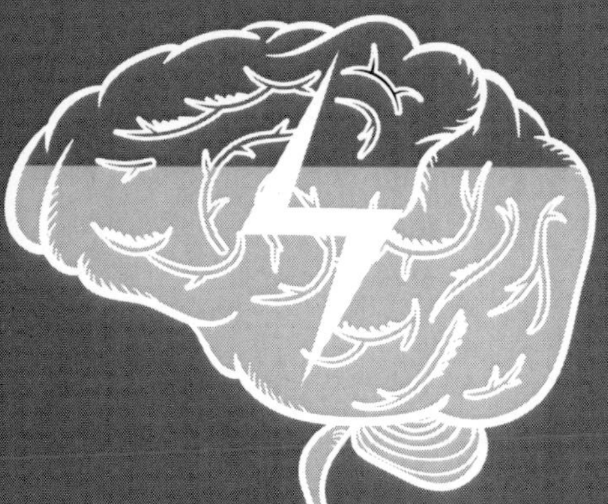

夢想永遠為時不晚

為什麼你不敢將理想付諸行動？是因為覺得為時已晚還是害怕失敗？別著急，現在開始為時不晚！

從零開始，經營自己的人生，也許將會收穫更多。

上帝把1、2、3、4、5、6、7、8、9、0十個數字擺出來，讓面前十個人去取，說道：

「一人只能取一個。」

人們爭先恐後地擁上去，把9、8、7、6、5、4、3都搶走了。

取到2和1的人，都說自己運氣不好，得到很少很少。

可是，有一個人卻心甘情願地取走了0。

別人說他傻：「拿個0有什麼用。」

別人笑他痴：「0是什麼也沒有呀！要它幹嘛？」

這個人說：「從0開始嘛！」便埋頭苦幹，孜孜不倦地做起來。

他獲得1，有0便成為10；他獲得5，有0便成了50。

他一心一意地做著，一步一步地向前。

他把0加在他獲得的數字後面，便十倍十倍地增加。他終於成為最富有的、最成功的人。

我們身邊有很多這樣的事例。我們欽佩他們是因為他們的勇氣和意志。渴望生活美好、自主人生的人們，請從零開始吧，需要的只是你的行動。

每天給自己一小時

現代社會，不少白領人士為了與命運抗爭，為了使自己事業有成，他們日常的時間往往是以分、秒來計算的。他們工作的閒暇時間也安排得滿滿的，不是去為自己「充電」，就是去尋找、獵取新的發展機會，或是為了這一切硬著頭皮去參加各種應酬，他們幾乎捨不得為自己安排一點享受生活的時間，也不懂得鬆弛之道對事業發展的作用，結果呢，常常弄得自己身心疲憊，生活在亞健康狀態。

「亞健康」是指介於健康與疾病之間的邊緣狀態，又叫慢性疲勞症候群或「第三狀態」。在世界很多國家和地區廣泛存在，已成為國際上醫學研究的焦點之一。

據醫學調查發現，處於「亞健康」狀態的患者年齡多在二十至四十五歲之間，且女性占多數。它的特徵是患者體虛易疲勞、失眠、注意力不易集中，甚至不能正常生活和工作……但在醫院經過全面系統檢查、化驗或者影像檢查時，往往還找不到肯定的病因所在。

專家介紹，現在「白領」階層，幾乎每天都面臨著新的挑戰，精神壓力很大。如果他們心理承受能力較強，及時調整心態，隨時化解壓力，就不會「積勞成疾」。反之，精神壓力長時間積蓄，大腦超負荷運轉，妨礙了大腦細胞對氧和營養的及時補充，使內分泌功能紊亂，交感神經系統興奮過度，自主神經系統失調，導致腦疲勞，從而引起全身的「亞健康」症狀。

找到病因，對症下藥就不難了。讓「亞健康」遠離自己的最佳方法就是不斷提高自己的心理承受能力，學會放鬆自己，所以我們在這裡提出了一個每天給自己一小時的概念。要知道，這一小時並不是浪費，而是為了讓你更加有效工作。因此，你不妨：

早晨，強迫自己躺在床上消磨幾分鐘。「前不久，我發現一個竅門，它可以讓我每天節省二十分鐘至五十分鐘時間。」一個大忙人對我說，「就是等我徹底睡醒後再起床，如果不逗留一會兒起床，那你將得不到良好的休息。」

忙裡偷閒。利用最有效的時間解決棘手的工作或者從事創造性思考。在低效率時間範圍內，集中精力翻閱報紙、清洗衣物或者整理郵票。根據精力狀況合理分配工作，你能在有限的時間內事半功倍。

午休或者鍛鍊。如果在正中午時分休息一會兒，會使你精力充沛。鍛鍊也能使你頭腦清晰、身體健康。週期性娛樂十分鐘以及做深呼吸，既能讓你情緒高昂，也能使你心靜如水。

居安思危

中國有一句古話說：「生於憂患，死於安樂」，意思是：「人要有憂患意識！」用現代的流行語言來說，就是要有「危機意識！」

伊索寓言裡有一則這樣的故事：有一隻野豬對著樹幹磨它的牙，一隻狐狸見了，問它為什麼不躺下來休息享樂，而且現在沒看到獵人！野豬回答說：等到獵人和獵狗出現時再來磨牙就來不及啦！

這隻野豬就是有「危機意識。」

那麼，個人應如何把「危機意識」落實在日常生活中呢？

首先，心理上要隨時有接受、應付突發狀況的準備，到時便不會慌了手腳。

其次是生活中、工作上和人際關係方面要有以下的認識：

——人有旦夕禍福，如果有意外的變化，我的日子將怎麼過？要如何解決困難？

——世上沒有「永久」的事，萬一失業了，怎麼辦？

——人心會變，萬一最信賴的人，包括朋友、夥伴變心了，怎麼辦？

——萬一健康有了問題，怎麼辦？

其實所有的事你都要有「萬一……」的危機意識，預作準備。尤其關於前程與一家人生活的事情，更應該有危機意識，隨時把「萬一」擺在心裡。

有這樣一個笑話：

有三個人要被關進監獄三年，典獄長讓他們三個一人提出一個要求。

美國人喜歡抽雪茄，要了箱雪茄。法國人最浪漫，要一個美麗的女子相伴。而猶太人說，他要一部與外界溝通的電話。三年過後，第一個衝出來的是美國人，嘴裡鼻孔裡塞滿了雪茄，大喊道：「給我火，給我火！」原來他忘了要火了。接著出來的是法國人。只見他手裡抱著一個小孩子，美麗女子手裡牽著一個小孩子，肚子裡還懷著第三個。最後出來的是猶太人，他緊緊握住典獄長的手說：「這三年來我每天與外界聯繫，我的生意不但沒有停頓，反而利潤成長了兩倍，為了表示感謝，我送你一輛勞斯萊斯。」

這個笑話告訴我們，不要等到面臨困難之際才運用理智，而要運用理智來預測尚未降臨的困難。

事前有遠見，遇事再深思熟慮，這就是居安思危，未雨綢繆。

珍惜現在的每一分鐘

這是一位八十五歲老先生寫的文章：

「如果我能重活這一生，我要嘗試犯更多的錯誤。我不會那麼刻意追求完美。我要多休息、隨遇而安，我處事不會像這一生那麼精明。其實世間值得去斤斤計較的事少得可憐。我會更瘋狂些，也不那麼講究衛生。

我會多冒幾次險、多旅行幾次、多爬幾座山、多在幾條河裡游泳，到更多不曾去過的地方去。

我會遇到更多真實的煩惱，而不僅是想像有煩惱纏身。

你知道，我就是那種一天又一天、一個鐘頭又一個鐘頭，過得小心謹慎、清醒合理的人。哦，我也曾放縱過，如果一切能重來，我要享有更多那樣的時刻——每一刻、每一分、每一秒。

我是那種無論到何處都帶著溫度計、熱水瓶、護目鏡、雨衣和降落傘的人。如果一切能重來，下次我一定要輕裝出行。

如果一切能重來，我要在早春赤足走到戶外，在深秋靜夜不眠。我要多坐幾趟旋轉木馬、多看幾次日出，跟更多的兒童玩耍，只要人生能夠重來。

但是你知道，這一切是不可能。

寫得太好了，它提醒我們人生有限，應該善加利用。

人生如夢，倏忽百年。如果一個人想要有所成就，就應當充分利用時間，最大限度地提高時間的利用率。

一切都應順其自然

一位建築師設計了位於綠地四周的辦公樓群。竣工後，園林管理部門的人問他人行道該鋪在哪裡。

「把大樓之間的空地全種上草。」他回答。

夏天過後，在樓間的草地上踩出了許多小道，走的人多就寬，走的人少就窄。秋天，這位建築師讓人沿著這些踩出來的痕跡鋪設人行道。這是從未有過的優美設計，和諧自然地滿足了行人的需要。

順其自然，可以使事情變得容易，而且又符合自然規律。

人生又何嘗不是如此。

人的才華，是隨著知識與經驗的積累而逐漸豐富的，而積累，就需要有一個實踐和感悟的漸進階段。對自己要求過急、過高、過苛刻，期望一口吃成個胖子，是不可能，也是不現實的。

但是許多年輕人，特別容易急躁，他們往往一上來就想把弓拉得滿滿的，以向人們展示自己的實力。他們不懂得，此時的他，自認為把弓已經拉得很滿，但在許多經驗老道的人看來，這恰恰是一種幼稚的表現。因為即使你能把弓拉得很滿，這張弓也是一張並不具有太大實力的小弓。而且你一旦拉滿了這張弓，就不能再有絲毫懈怠，人們在今後對你工作的評判，就會以「滿弓」的標準來評判你所做的每一件事。結果，你不可能力冠群雄，事事都達到「滿弓」的程度，那麼，別人就會認為你這個人缺乏潛力和後勁，最終反而落得前功盡棄，讓後來者居上了。

真正老練的弓箭手，都是穩穩的拉弓，緩緩地加力，一旦拉滿，力貫千鈞、勢不可當。當一個人蓄勢待發，胸有成竹時，也就是掌握了拉弓的真諦之時。這個真諦就是不斷地積累、蓄勢，讓人們不斷地領略你那日見深厚的潛力。有潛力的人，是最具有魅力的人，也是最具有成功希望的人。

記住：

不論是什麼事，一切應順其自然。

要弄髒一條河流是很容易的。但未澄清之水，你卻不能透過動手動腳使其清澈，只能任其自清。

早起的鳥兒有蟲吃

「早起的鳥兒有蟲吃！」這是約翰．雷（John Ray）所言。多麼富有哲理的語言，簡單而且明瞭。我們都是在天不亮就聽到鳥兒的叫聲，它們可比人類勤快。

不錯，早起的鳥兒有蟲吃，晚了就得挨餓了。給自己多一點時間來準備，什麼事情都會變得輕鬆愉快。

現在的許多大學生，都是衝著「六十分萬歲」在考試前集中衝刺，一學期的功課往往是一至三天「搞定」。結果是，還是有一批人沒有衝刺過關，這能怪誰呢？怪自己「臨時抱佛腳」的功力不夠深嗎？非也！做什麼事情，越早準備越能充分，就像早出的鳥兒一樣。給自己多一點時間做事前準備，事情就不會那麼匆忙，你也會感到輕鬆無比。就像上臺演講，提前把演說詞給記熟了，還怕臨時怯場嗎？

記住哦！明兒起就和鳥兒們一樣囉⋯⋯。

從「司空見慣」的現象中有所發現

梅達沃在牛津大學學習動物學，畢業後，在諾貝爾獎得主弗洛里博士指導下從事病理學研究，從此他對醫學產生了濃厚的興趣。在第二次世界大戰中，梅達沃受政府委託，研究燒傷病人的植皮手術，為此，他必須與外科醫生合作，共同研究。

在研究中，他注意到第二次的植皮比第一次的植皮脫落得更快。這個現象對外科醫生來說是眾所周知的，不是什麼新鮮事。可是梅達沃覺得很奇怪。這以後，梅達沃才真正開始了皮膚移植的研究，用兔子和白鼠做試驗，發現了免疫耐受性。

梅達沃因發現獲得性免疫耐受性現象，提出了「獲得性免疫的無性繁殖選擇學說」而獲諾貝爾生理學醫學獎。

的確，偉大的東西都是從生活中這些「司空見慣」的現象中挖掘出來的，只要你認真地去思考、觀察，你就會從中得到一些重大發現。這時，你就真正品味到生活的樂趣。

每天拿出「為將來的一小時」

美國生活顧問和暢銷書作家理查德．卡爾松與許多顧客一起做試驗：每天拿出一個小時解決問題「我怎樣才能賺更多的錢？」在堅持不懈地實施了兩年「一小時方法」之後，都為自己帶來了經濟上的獨立。

先決條件是，您事實上每天要有整整一個小時專門和不中斷地為這個任務奉獻。大多數人實現不了他們的經濟夢，其原因是，在堅持了不長的一段時間之後他們就心灰意冷了。

每天用一個小時檢查自己和自己的能力。我願意做什麼？什麼對我特別有利？我還希望改善什麼能力？對此您應該開發所有的機會：額外的教育、新的雇主、新的職業、新的兼職，或者也可以做自由職業者。

在您的「為將來的一小時」裡，您應該讀書、看報，您應該看電影，您應該與朋友和同事打電話，您應該瀏覽徵才廣告或四處打聽工作，您應該利用錄音課程、錄影和書籍繼續接受教育，或者，您乾脆散步一小時同時幻想自己的將來。

重要的是：您不應該弱化「為將來的一小時」的主題。您不要苦思冥想您過去的失敗或當前的困難，而應該專心致志於您可以完成的事情。

當您失業時，要把自己看成非失業者。當您負了債，要把自己看成無債一身輕。如果您僅依靠中等收入生活，就要把自己的收入看成較高的。

許多剛聽說「一小時方法」的人，首先嘲笑這種想法。把自己與其他任何人相比都會感到困難。但是，我們大家都相信，自己在生活中的一些事，將有超越目前的可能。就像我們在孩童時期學習寫字一樣：六歲時您就已經知道，總有一天，您的塗鴉會變成完美的手寫文字。這樣的事情同樣也發生在您學習樂器、游泳或滑雪上。

快樂生活原則

當你完成了第一項任務時，你應該為此慶祝！獨自或者與他人一起。您穿過房間跳舞，在草地上打滾或在大街上閒逛，晚上您在街角的小酒館裡獎賞自己一杯啤酒，或與您的生活伴侶一起飽餐一頓。您應該讓自己得到一些成功後的良好感覺，並且享受它。

不要在乎這段時間有多少新的、要緊的任務擺在面前等著您去做，現在最重要的是先快活一下！這個幸福的時刻應該自己享有，豈容他人奪取！此後任何事情簡直都不在話下。

誰如果不這樣做，生活只有負擔，工作只有單調乏味。您應該嘗試一下「快樂生活原則」，最好從今天就開始。

理財六種好習慣

理財的目的在於善用錢財，並使個人或家庭的財務狀況處於最佳狀態，要達成這樣的目的，就必須有計畫、有步驟、有恆心地去執行。下面幾種理財的好習慣不知你有沒有：

（1）每個月都固定存錢。嚴格要求自己每個月都固定存一筆錢，不管這筆錢是多是少。最好把目標定在每月固定收入的百分之十至百分之二十，若達不到這個目標也沒關係，能存多少是多少。

（2）消費時別放縱自己。不要為價格不菲的漂亮衣服或首飾，花上當月薪水的一半以上。千萬不要自己找藉口說服自己：「這是最後一次，下不為例。」

（3）不隨意透支。你是否認為每月透支一點沒什麼了不起？你不妨算筆帳：如果你每月透支一點，加上被扣掉的利息，一年下來你會損失多少？這又是多麼大的一筆財富呀！

(4)小事上別太大方。一般人都喜歡小事情上窮大方，比如早上睡懶覺，只好坐計程車上班，如果一天一百元，每星期三次，一個月就是一千二元，一年下來就是將近一萬五千元，夠一家人外出旅遊一趟了。

(5)當個小氣人又何妨。朋友向你借錢，你或許毫不猶豫，可是隨便借錢給人卻有一個壞處，你可能損失了把錢存進銀行後該得到的利息；另外，朋友也許會翻臉不認人，那你把友情也一起賠進去了。

(6)理財觀念不能保守。許多人絕不願冒風險，寧願把辛苦積攢下來的錢全部儲蓄起來，以為這樣保險，其實不妨把部分儲蓄投資在股票或其它方面，能確保你的錢越滾越大。

能早一小時採取行動，就立刻實踐

現代社會是講求速度的時代，只有動作快的人才能抓住機會，獲得成功。動作慢吞吞、沒有活力的人早晚會被社會所淘汰。只有目標沒有實際採取行動的人更慘，當別人已經在終點慶祝勝利時，他可能還在起跑點徘徊。

比如一個業務員，如果客戶希望一個小時之後拜訪你，你就應該立刻答應，反正有問題也是當面解決。那你必定比那種猶豫不決的業務員更能達到好的業績。

生活中有許多事情都需要我們養成這樣的習慣，能早一小時採取行動，就立刻實踐。

不妨多注意一下身邊常見的花草樹木

我們生活在大自然的懷抱，也許你終日忙忙碌碌無心去觀察周圍的環境，也許你因為功名利祿沒有去留意身邊的花草樹木，那麼，你從現在開始，就應該停住腳步：

柔和的陽光下，黃色的鬱金香正在悄然地展開花瓣；柔嫩的柳枝在微風中搖擺；纖細的小草頭頂著露珠害羞地望著你；草叢中的幾點野花向人們展示著生命的絢麗，哦，這是什麼花，怎麼這麼眼熟？想起來了，這不是小時候和夥伴們一起玩耍時經常看到的蒲公英嗎，長大了，現在怎麼忘了呢？

哦，原來我們生活在這麼美好的一個世界裡。

是的，讓我們多留心一下身邊的花草樹木吧，這時你就會品味到生活的意義，感受到生活的美好。

悲傷時，就讓自己忙碌

生活中的不如意，導致痛苦、悲傷是難免的，關鍵是我們應該怎樣對待自己。

悲傷時讓自己忙起來是一個好方法。當你忙碌的時候，你就會忘記悲傷，你就會專心做你所忙碌的事，這有利於減輕或解除悲傷所帶給你的壓力。因為忙碌的時候你什麼都不用去想，或許在忙碌中你重新出發的機會就會降臨，從而使你走出陰霾。悲傷時，如果無事可做，你就會更加悲傷，甚至一時想不開而導致嚴重的後果。

所以，悲傷時就讓我們忙碌吧！

第四章　一分鐘對待學習

書籍是你獲取知識的工具，它能在黑暗的日子裡鼓勵你，使你大膽地走進一個別開生面的境界。古語說得好：「書中自有黃金屋，書中自有顏如玉」，讓我們在書中尋找到「顏如玉」吧！

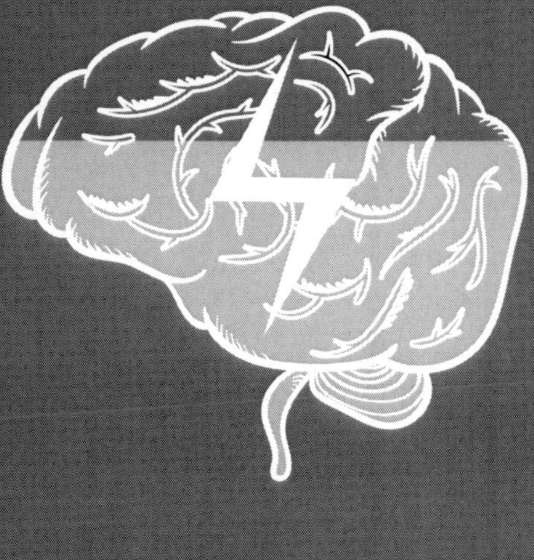

把書籍當作最好的朋友

閱讀的成本是時間，閱讀的損失是被誤導。所以說，學會閱讀很重要。

通常，我們既可以透過一個人結交朋友，也可以透過他所閱讀的書籍，來了解他的為人。因為人們不僅彼此結伴，而且還跟書籍結伴。無論所結交的是人還是書，人生總該時常有良師益友才行。

一本好書，可以成為我們的莫逆之交。它過去、現在、未來對我們始終如一。

書是最有耐性並最令人愉快的朋友，即使在我們窮困潦倒或悲哀痛苦之際，也不會背棄我們。它待人和藹，始終不渝。它在我們青春年少之時給我們以快樂和教誨，在我們黃昏暮年之時給我們以慰藉和同情。

正如兩個人由於對第三者懷有相同的敬慕而成為朋友一樣，人們常常由於對某本書的共同興趣而互相親近起來。俗話說：「愛屋及烏」。而「愛吾及書」卻更有道理。

書籍是一種更忠實、更高尚的友誼紐帶。人們可以透過共同喜愛的作者而趨於思想一致，感情一致，互相同情。讀者由於對作者產生共鳴而結成一體，作者也由於被讀者理解而永具活力。

曾就讀牛津大學的亨利．赫茲利特曾經說過：「書籍延伸我們的心靈，詩人的詩句在我們的血流裡舒緩地滑行。我們年輕時誦讀它們，年老時仍然銘記它們。我們讀到他人的遭遇，卻感到身臨其境。書籍到處可得，而且價廉物美。我們就像呼吸空氣中的氧一樣吸收書中的營養。」

一本好書經常是人生的聖壇，裡面珍藏著一個人的思想所發掘的精華。因此，最優秀的書籍是一種由高貴的語言和閃光的思想所構成的財富，為人類所銘記、所珍惜，是我們永恆的伴侶和慰藉。

書具有不朽的性質，是最能持久的人類勞動產品。神廟、巨塑終歸要腐朽剝落，可是書卻與世長存。偉大的思想不會因為時間的流逝而衰老，它們在今天看來，仍然同它們幾百年前在作者的思想胚胎中蠕動一樣新鮮。當時所談及思想的東西，至今仍然有聲有色地躍於紙上，給我們啟示。時間的流逝，只是淘汰了糟粕。

文學作品之中，只有那些真正的精華才能流傳千古。

書籍把我們介紹給良師益友，使我們認識迄今為止人類最偉大的靈魂。我們聆聽他們的談話和事蹟，竟覺得他們真的還活著，並且與我們息息相通，共享樂，同悲哀。他們的經歷成了我們的經歷，在某種程度上，我們彷彿覺得活動於他們所描繪的情景之中。

偉大高尚的人物即使不在人間也是不朽的。書籍載著他們的靈魂遍跡全球。書是一種活的聲音，它是我們永遠尊重的理性代表。我們至今仍然受著古代先哲的影響。那些高貴、智慧的靈魂，在今天仍充滿活力。

讀好書永遠不嫌多

古希臘哲學家蘇格拉底認為「知識即良善，無知就是邪惡。」同時他也認為，我們每一個人都應該培養出強烈的個人特點，以及許多個人美德。

為此，我們要定期閱讀提高修養的書籍。

要閱讀各種成功人士的傳記與自傳。當你閱讀亨利福特、林肯、愛迪生、卡內基、華盛頓等人的故事，要不受感動是很困難的。我們把這些故事中的人物與自己相比，當我們見到他們成功，也會相信自己同樣能獲得成功。

要傾聽那些建造人類心靈的演說家、教師的話語，這樣你就會在許多方面獲得提升。只要它能建立人類的心靈，即使是一本書，都會建立你的心靈與你的自我形象。

一個人頸部以下的部分，很少需要每週一百美元來滿足它。而一個人頸部以上部分的消費就沒有限制了。所以我們應該怎樣做呢？我們每天填飽我們的肚子，即頭部以下一百美元的部分。我們又怎樣充實我們的心靈，即那種不受「價值、賺錢與快樂」限制的部分呢？大部分人都是在意外或偶然的情況下才充實它，例如，在很方便或沒有其他事可做時才這樣做。我們的藉口常常是沒有時間，這是可笑的，如果你每天有時間去填飽一百美元的部分，是不是也應該花點時間來充實那幾乎是無價的部分呢？

在許多場合中，我曾經遇到過一些沮喪、消極、失敗、憂鬱、破產以及不快樂的人。這些人屬於消極階層，卻又都不願再充實他們的心靈。他們都迫切需要資料、資訊與靈感，但是他們一直拒絕參加研討會或閱讀好書、聽音樂。

真的，在每一個行業，不論是法律、醫藥、銷售、教學、科學與藝術，那些達到高峰或快達到最高峰的一流人物，都是定期自費參加研討會。他們閱讀好書、定期聽音樂，並積極追求資料、資訊與靈感，結果他們一直都在成長中。

閱讀需要計畫，但你要先培養閱讀的習慣。大部分人不閱讀的藉口是「沒有時間」。很明顯，時間因人而異，說沒有時間充實心靈，簡直是「失敗者的藉口」。該做的和想做的事情，無論多忙，我們都會去做。而閱讀好書的習慣，就是其中之一。

獲得智慧：分九步走

不管個人的受教育程度如何，多數人在日常交談中，大約只用了四百個單字。雖然，任何一本未經濃縮的英語大辭典，都列有四十五萬個單字，但是，我們只用了其中很少的一部分，很多單字都是一再重複使用。如果我們每天只學十個新單字，持續一年下來，就可成為世界上知識廣博，而且最會說的人。

閱讀是獲取知識及增加詞彙的最佳方法。而在一年當中，美國居民只有5％的人去購買或閱讀一本書。在你不斷閱讀的過程中，將會獲得與你的天賦才能有關的更多知識、獲得更多的技術，使你能發展利用你的才能。只要讀書，你就能夠把想法表達得更為清楚。你將會有能力找出最佳的模範人物，以他來協助你加速成功。你所受的教育越多，你將更加快樂。你我都知道，智慧並不是完全決定於我們知道多少單詞，而是決定於我們如何利用這些單詞，把我們的意思表達給其他人。智慧也決定於我們是否能正確地估計自己的才能，以及我們要充分利用它們的決心和行動。我們每天都應該過著這種智慧的生活，絕不可停止學習。

以下是獲得智慧的步驟：

（1）活到老、學到老。根據調查，在大學裡年齡較大的學生比年紀輕的學生，成績平均高百分之十。

（2）讀書時，要經常把字典放在身旁，遇到意義不明確的字，要立即查閱字典，這樣，這個字將永遠銘記在心。

（3）一開始就要建立很好的詞彙。在你孩子還很小的時候，就要唸書給他們聽，他們吸收詞彙的能力遠超過你的想像。鼓勵你的孩子多閱讀，不要把時間全花在看電視上。

（4）考慮一次具有權威性的性向測驗。看看是否可以找到這樣的測驗卷，也可以和附近的圖書館或大學商洽。

（5）在你做決定之前，問問自己：「這樣做對嗎？這樣做會不會影響到有關的人？」這樣問過之後，你將不會發生任何差錯。

（6）在你所有的行動中，要不停地說出、思考你認為正確的事物。

（7）替你自己及家中的每一個人申請圖書館的借書證。書籍是智慧的源泉，可以帶領我們到達我們本身到不了的地方。

(8)不要錯過了函授課程、補習教育以及夜間或週末的研討會。另外有一些家庭視聽教育課程，也相當不錯。有許多人，就是利用上下班的時間，學到了很多知識。

(9)尋找一位令自己心悅誠服的人，作為榜樣。自己要成為子女和屬下真實而正直的榜樣。要真實地面對生活，不要做個禁不起磨練的「蠟人」。

多才多藝，莫如獨精一門

古人說，凡是掌握了一門技藝，無論是做什麼都可以成名。只要有一技之長，就可以自立。的確是如此。過去老人總對年輕人說：「縱有家產萬貫，不如薄技在身。」這是最平凡最實在的真理。一個殘障青年，學會電腦打字，便辦起了個小打字社，交件及時，品質又高，連一些著名作家也慕名而來，讓他打文稿。幾個失業婦女都是做飯行家，一番商量後，認知總不能老是靠那少的可憐的救濟金度日，於是開起了「嫂子餃子館」。賣的餃子薄皮多餡，服務熱情，很快就興隆起來。和她們相比，無技之人的確是最苦。別說揚名，自立都很困難。現在的社會競爭激烈，沒有真本領，很難在世上立足。

有些人瞧不起技藝，總想做大事。做大事是可以的，比如當總經理，從政做官，做科學家、理論家等等。但一是要真有那份才能，也要有機遇；二是就是做大事，也常常離不開靠技藝做小事打基礎。這個基礎，包括鍛鍊你的實踐能力，包括鍛鍊你的意志，包括對基層實際的體察。有時一技在身，也能助你成就大事。

不要小瞧看這些技藝：理髮、為死者整容、修錶、烹飪、園藝、茶道……只要技藝精深，在當今世界同樣大有可為，同樣事業輝煌。聶衛平是圍棋大師，吳兆南是臺灣相聲泰斗，梅蘭芳是京劇巨擘，喬丹是籃球巨星，皮爾卡登是時裝大師……。

許多原被人視為「雕蟲小技」的技藝，今天卻有了巨大的商業和社會價值，有的甚至變成一種產業。這種情況應當為有為青年注意，在其中尋找成功的機遇。

在別人的失敗處尋找機遇

二〇〇〇年八月一日，日本科技廳成立了「活用失敗知識研究會」。其目的在於有效利用科技領域過去的失敗教訓，使之推動新的成功，為此必須建立有關失敗事例的資料庫，研製相應的檢索系統。

日本科技廳重視失敗的研究，這充分表明，失敗對於成功有極大的參考價值。

首先，認真研究他人的失敗，可以使自己少走彎路。步步高公司總經理段永平認為：幸福的企業都是一樣的，不幸的企業各有各的不幸。前車之鑑，後事之師，研究失敗，可以使企業少走彎路，避免誤入歧途。但是，長久以來，有些企業只是習慣於總結成功經驗，卻很少認真總結失敗的教訓，這是很危險的。其次，認真研究他人的失敗，往往可以發現機遇。

不管做什麼事，只要放棄了就沒有成功的機會；不放棄，就會一直擁有成功的希望。如果你有百分之九十九想要成功的欲望，有百分之一想要放棄的念頭，這樣的人是沒有辦法成功的。

人們經常在做了百分之九十的工作後，放棄了最後讓他們成功的百分之十。不但輸掉了開始的投資，更喪失了經由最後努力而發現寶藏的喜悅，而唯有行動才可以改變這個情況。

可口可樂的發明就是源於一次配方失敗，X光的發現也是源於一次試驗失敗，但這些失敗的人最終從失敗中受益無窮，最根本的原因就是他們對失敗進行尋根究底的追問。知道為什麼失敗，就是成功。

再次，認真研究他人的失敗，可以使自己警覺。有人曾經根據能否有效利用失敗的價值把人分為四類：

第一類人不能從失敗中吸取教訓，總是犯相同的錯誤。這樣的人不可救藥。

第二類人雖然能夠從失敗中吸取教訓，不犯相同的錯誤，但由於不能從失敗中發現規律性的東西，所以總是犯不同的錯誤。這樣的人也難以救藥。

第三類人能夠總結自身失敗的教訓和規律，算得上是聰明人。

第四類人既不犯自己犯過的錯誤，又不犯別人犯過的錯誤。凡是別人的經驗，也成為他的經驗；凡是別人的教訓，也成為他的教訓。只有第四類人才是最善於利用失敗價值的人。

每個人成功的經驗都是人類共有的財富，每個人失敗的教訓也應該成為人類共同的財富。相對於成功的經歷來說，失敗的經歷要比成功的經歷豐富得多；相對於人們所感受的成功經驗來說，目前，人們所感受的失敗教訓簡直少得可憐。

好記性不如爛筆頭

好記性不如爛筆頭，一筆一筆記，一目瞭然，不會誤事。

有了這一個習慣之後，你把重要的事都記在日曆上、筆記中。每天翻它幾遍，從來沒有落掉一件事情、忘掉一件事情。

某市政府的一位辦事員因為耽誤一件公文，被市長核定記一大過，主管被記小過。當年的考核降了兩等，薪水不能晉升，隔年還不能休假，算算損失大了。再比如，聯考的時候，有的同學一時馬虎，臨進考場才發現准考證沒有帶，監考老師肯定不准參加考試，回家拿又來不及了，心情沮喪且不說，關鍵是耽誤了前程。

諸如此類的事例不勝枚舉，我們應從中吸取教訓，一定要養成記日記、記行事日誌的習慣。因為人的頭腦東想西想，再加上其它瑣碎的事務纏身，很容易忘掉重要的事。何況一般人再好的記性總不如一支爛筆頭，一筆一筆記，一目瞭然，時時翻它一下，當然不會誤事。

這種好的習慣，盼你養成，你就會一切安全啦！

每天都要為大腦充電

為大腦充電、擴大知識面有各式各樣的方法，不過，最好的方法莫過於閱讀。俗話說，讀書益智，運動健身。閱讀是其他方面的基礎，不像旅遊等其他方法那樣，要花很多錢。以下給你十九條充電小建議。

(1)每天看報紙。
(2)訂閱一些可以擴大知識面的雜誌。
(3)郊遊或散心。
(4)養花種草。
(5)觀察野生動物。
(6)參加主題有趣的講座。
(7)看科學、探索方面的電視節目。
(8)上圖書館。

(9)聽新聞。
(10)研究食譜。
(11)寫故事、做詩或編歌。
(12)玩有挑戰性的棋盤遊戲。
(13)辯論。
(14)下棋。
(15)課堂上發表評論。
(16)觀看芭蕾舞、歌劇或話劇演出。
(17)學習演奏一種樂器。
(18)與朋友進行積極的談話。
(19)做心理測試。

養成每天為大腦充電的習慣，隨著時間推移，我們的知識面自然會拓展許多，自己的內在修養自然也就提高了。

你必須主動想要才行

豐富頭腦的關鍵在於產生強烈學習的願望，有了這一願望，你就會為此付出行動。當你真的品味出學習的樂趣，懂得知識的重要性了，那麼你就會不顧一切甚至付出代價去得到它。而你所做的這一切動力來自於你渴求知識的願望，你「想要」。下面這個故事就說明了這一點。

廚房門開了——我被抓個正著，毫無準備。我來不及隱藏「證據」；它暴露在光天化日之下，毫無遮掩，就在我的腿上放著。我那喝得醉醺醺的父親漲紅了臉搖搖晃晃地走到我面前，怒目而視，一副氣勢洶洶的樣子。我的腿開始哆嗦。那年我九歲。我知道我又要挨打了，想逃也逃不掉，因為父親發現了我在讀書……。

我父親就像他的父母一樣，也是酒鬼。他以前打過我多次，而且一次比一次厲害。此後他又多次打我，而且越來越凶，直到最後我十六歲高中輟學，離家出走。然而，和酗酒等其他虐待相比，他反對我小時候讀書的那份固執與狂暴更令我無法容忍；讓我覺得夾在了過不去的鬼門關中，因為我不願、也不能停止讀書。驅使著我去讀書的不只是好奇心，還有心理需求——一種無法抑制的需求，使自己彷彿覺得身處異鄉……於是，我與父親抗爭——就像我剛剛回憶的那樣，常常要為抗爭付出代價，但我認為值得。

這個故事是華特．安德森（Walter Anderson）所著《跟我讀》（Read with Me）一書中的片段。華特後來成為大名鼎鼎的主編，在許多文學機構的董事會任職，自己寫了四本書。華特繼續寫道：

小時候，我生活在一個充滿暴力的家庭環境中。但有一個地方我能去——一所圖書館——而且圖書館裡所有的工作人員都鼓勵我讀書。他們允許我翻閱任何一本書，去任何地方，做任何事情。我能想像自己走出了貧民窟。在我憑藉自身努力真正脫貧致富之前，書海裡的暢遊使我感覺早已擺脫了貧困。

看了這個故事，在為主角渴求知識的精神所感動的同時，我們應該想一下自己。如果你到現在還沒有為自身教育而付出代價，那麼從現在開始，亡羊補牢，未為遲也。如果你能學會正確地思考問題，未來將是一扇敞開的機會之門。

重視學習的高效時段

一天中，多數人都有一個最高工作效率時段。對工業產量的研究證實：八小時工作制的單位，其產量上升到一個最大值後會下降，且在獲得最高產量之前有一個「加熱階段」，一般為上午初上班的一段時間。學習也是這樣，具體體現是，上午的學習效率要高於下午。

既然上午的效率高於下午，而且，要求嚴格的和需要集中精力的大部分課程基本上都安排在上午，因此，最明智的做法是確保自己在這段時間精神飽滿。如果達不到，就要檢查一下你的睡眠、飲食和運動等，養成早起的習慣。上午的時光最有價值，須盡一切努力使上午的時光不浪費掉。不要在上午去做一些無關緊要的零星雜事，這些事情可以放到一天中稍晚的時候去做。

為了充分利用第二天上午的時間，可以提前做好一些準備工作，如將第二天的衣物提前拿好，在前天晚上就備好早餐的桌子等。

學習你佩服的人的做事方法

每個人都有自己的優點。那麼，我們可以這樣推理，一個讓你佩服的人他（她）在某一方面一定做得很好，這也可以說是你佩服他（她）的理由。而你所佩服的可能是他們的辦事能力、性格等方面，這些東西非常值得我們學習和借鑑。

當你在遇到困難或猶豫不決時，不妨想想這些讓你尊敬、佩服的人會怎麼做，你也許會找到問題的答案。這是我們應該培養的一個習慣。

如果你目前心目中還沒有佩服的人，建議你務必趕快尋找，應該是有的。

第五章　一分鐘對待處事

生命中最珍貴、最美好的不是有形的物質，而是一些仁慈與善意的舉動所帶來的感覺。有一句古諺說：「給予的本身就是種回饋。」這是真的，你對別人付出善意，讓別人感覺良好，就能讓你自己感覺到溫暖與實在。

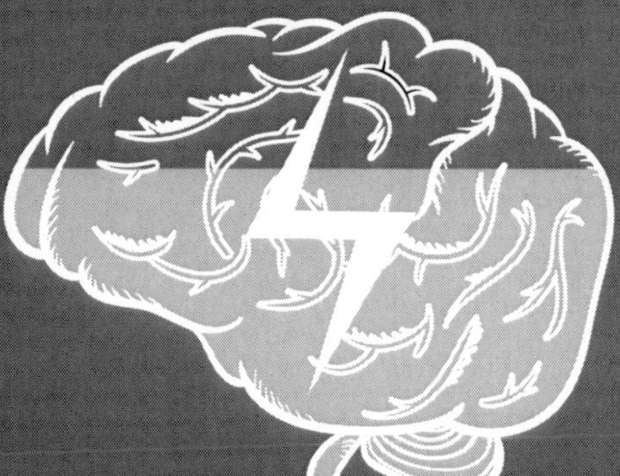

事事成功的七種態度

以下七種處事態度將帶你步入成功的殿堂。

（1）你做得到

不要對自己說你做不到什麼。若你將心思意念都貫注在想做的事情上，意志力便足可匹敵一切。鼓勵自己是成功的重要元素，對自己說：「我做得到，我做得到……」，久而久之，你會確信自己有能力做到。要努力發掘自己的潛能，一旦發現自己的長處，便能加以發揮。

（2）成功是以持久為目標

謹記成功人士是不會輕言放棄的。當事情發展未如你所願時，放鬆一下，先看一下你已達成的事情，切勿放棄。人最大的動力、最堅強的時刻及最大的決心往往來自不肯放棄。如果你堅信值得為希望與夢想而努力，那就勇往直前吧。

(3)別怕失敗

失敗不一定是壞事。事實上，從失敗中學習，會令我們掌握更多經驗，更具智慧。當你的思緒向思想及身體表達你不希望同樣情況再次發生時，以後你的任務便是阻止同樣的錯誤再次出現。

(4)凡事往好處看

面對失敗，不要貶低自己，沒有人是完美的。繼續面對生活，做自己想做的事。將所遇到的困難視為機會，不要怕自己處理不來。若你能面對挑戰，自能從經驗中獲益。別抱怨工作量，學習努力地工作，你一定不會後悔。

(5)按部就班

若你能打好根基，自會有所收穫。操之過急，就沒有穩固的基礎幫助你日後好好成長。記著，所有美好事情的發生均需要時間，耐心等候者得之。

(6)別浪費時間去報復

無論工作還是生活裡，都難免有人會傷害我們，貶低我們。很多時候我們會容許自己為此而消沉，令這些人得逞。有些人則會選擇以牙還牙，報復還擊。然而，自古以來，報復也是最浪費時間的舉動。與其報復，不如花時間做出成績來，對你的仇人來說，這是他們最不想見的。

（7）別怕吃虧，盡力做好

運用你的所長幫助別人解決問題。對自己的期望要高一點，這需要全心投入，努力及犧牲，但長遠來說很有價值。不要停止學習與發揮自己的長處，這會使我們生活得更有意義。

五分鐘計畫會形成良好的動力

所謂「五分鐘計畫」就是你首先著手一件事至少堅持進行五分鐘，在這段時間後問自己是否還想繼續再做五分鐘，並讓你的行為做出回答。

誰都會遇到工作不順利的情況，此時你的心情一定不好。這時你可以做一些其它的工作，比如翻閱桌上的一本雜誌，你可以被書上的幾個笑話所吸引，或者是因幾篇精美的散文所陶醉，這樣你就會繼續看下去，轉眼間，半小時過去了，你的心情也好多了，工作的欲望也產生了。

當你心情煩躁而無法集中精力去工作的時候，不妨試著去做另一件事，只須五分鐘，也許你的心情就會改變。怨聲載道是於事無補的，只會使你的心情更糟，還浪費了大好時光，甚至失去工作的興趣。

養成「五分鐘計畫」的習慣會使你脫離苦海，工作起來得心應手。

每一個細節都不要忽視

生活是我們最好的老師，只要我們用心去尋找，就能發現許多我們需要的東西。有時候靈感也會在一剎那光顧我們的眼睛和心靈，並且應從生活中的靈感去察覺弊病，防止不良後果產生。

那是在克尼斯納，一位老伐木工正在解釋如何伐樹。他指出，要是你不知道那棵樹砍了會落在哪裡，就不要去砍它。「樹總是朝支撐少的那一方落下，所以如果你想使樹朝哪個方向落下，只要削減那一方的支撐便成了。」他說。是的，如果一稍有差錯，我們就可能一邊損壞一幢昂貴的小屋，另一邊損壞一幢磚砌車庫。

老伐木工在兩幢建築物中間的地上劃了一條線。那時還沒有鏈鋸，伐樹主要是靠腕勁和技巧。老伐木工揮起斧頭，向那棵巨松砍去。樹身底處粗一公尺多，他的年紀看來已六十開外，但臂力十足。

約半個小時後，那棵樹果然不偏不倚地倒在線上，樹梢離開房子很遠。人們恭賀他砍伐如此準確，他沒說什麼。不到一個下午，他已將那棵樹伐成一堆整齊的圓木，又把樹枝劈成柴薪。

他舉起斧頭扛在肩上，正要轉身離去時，卻突然說：「我們運氣好，沒有風。永遠要提防風。」

幾年後，在鎮裡一個心臟移植病人的驗屍報告中，人們對老伐木工的言外之意體會得更加深刻。那次手術想像不到地順利，病人的復原情況也極好。然而，忽然間一切都出現了不正常，病人死掉了。驗屍報告指出病人腿部有一處小傷，傷口感染了肺，導致整個肺功能喪失。

我們又想起了老伐木工的話：「永遠要提防風。」簡單的事情，基本的真理，需要智慧才能了解。那個病人的死，慘痛地提醒我們功虧一簣這個道理。縱使那個傷口對健康的人是無關痛癢的，但已奪走了那個病人的生命。

那老伐木工和他的斧頭可能早已入土，然而，他卻為人們留下了一個訓誡：細微的破綻可能導致重大的失敗，一定要考慮周全，不可忽略一切細節。如果你成功了，也不要得意，對自己說上一句：「我這回運氣好，沒有風。」

體諒別人的難處

如果一個人能體諒別人的難處，給予他人理解和自尊，那麼，他就是一個高尚的人，他也能獲得別人的尊重和信任。

公司要裁員，名單公布，行政辦公室的曉茹和春嬌，規定一個月之後離職。那天，大夥兒看她倆都小心翼翼，更不敢和她們多說一句話，因為她倆的眼圈都紅紅的。這事發生在誰身上都難以接受。

第二天上班，這是曉茹和春嬌在公司的最後一個月。曉茹的情緒仍很激動，像吃了一肚子的火藥，看到誰就向誰發火。裁員名單是老闆定的，跟其他人沒關係，甚至跟行政部都沒關係。曉茹也知道，可是心裡煩悶得很，又不敢找老闆去發洩，只好找杯子、文件夾、抽屜洩憤。「砰砰」、「咚咚」，大夥兒的心被她提上來又掉下去，空氣都快凝固了。人之將走，其行也哀，誰忍心去責備她呢？

曉茹仍舊不能出氣，又去找主任訴冤，找同事哭訴。「憑什麼把我裁掉？我做得好好的……」，眼珠一轉，滾下淚來。旁邊的人心裡酸酸的，恨不得一時衝動讓自己代替曉茹。自然，辦公室訂便當、傳送文件、收發信件，原來曉茹該做的，現在都無人過問。

不久聽說，曉茹找了一些人到老闆那裡說情，好像都是重量級的人物，曉茹著實高興了好幾天。不久又聽說，這次是「一視同仁」，誰也通融不了。曉茹再次受到打擊，氣憤憤地，異樣的眼光在每個人臉上刮來刮去，彷彿有誰在背後搗她的鬼，她要把那人用眼鉤子勾出來。許多人開始怕她，都躲著她。

曉茹原來很討人喜歡，但後來，她人還沒走，大家卻有點討厭她了。

春嬌也很討人喜歡。同事們早已習慣了這樣對她：「春嬌，把這個文件打一下，快點！春嬌，快把這個傳真出去！」春嬌總是連聲「答應」，手指像她的舌頭一樣靈巧。

裁員名單公布後，春嬌哭了一晚上，第二天上班也無精打采，可是打開電腦，拉開鍵盤，她就和以往一樣地工作了。春嬌見大夥不好意思再吩咐她做什麼，便特地跟大家打招呼，主動找工作做。她說：是福跑不了，是禍躲不了，反正這樣了，不如做好最後一個月，以後想做恐怕都沒機會了。春嬌心裡漸漸平靜了，仍然勤勞的做打字影印的工作，隨傳隨到，堅守在她的職位上。

一個月滿，曉茹如期離職，而春嬌卻被從裁員名單中刪除，留了下來。主任當眾傳達了老闆的話：

「春嬌的職位，誰也無可替代；春嬌這樣的員工，公司永遠不會嫌多！」

在怨天尤人的憤怒情緒中，只會把事情搞得越來越糟，再次錯過解決問題的機會。

成功就是一疊厚名片

只有擁有了廣泛的人際關係，才能建立起一個龐大的訊息網，這樣就比別人多了一些成功的機遇。

美國前總統柯林頓能夠成功贏得競選，也與他擁有廣泛的人際關係分不開。在他的競選過程中，他擁有高知名度的朋友們扮演著舉足輕重的角色。這些朋友包括他小時在熱泉市的玩伴、年輕時在喬治城大學與耶魯法學院的同學，及日後當羅德學者時的舊識等。他們為了柯林頓能夠成功，四處奔走，全力支持他。所以柯林頓在就任總統後，還不無感慨地說：朋友是他生活中最大的安慰。

根據《行銷致富》一書作者史坦利的說法，「成功是一本厚厚的名片簿，更重要的是成功者廣結人際網絡的能力，這或許便是他們成功的主因。」百萬富翁們不僅曉得有誰被蘊藏在他們厚厚的名片簿裡，更願意把這些資源與其他百萬富翁分享。

要有成功的人際關係，你不僅須用基本常識去「感受」，更要有極大的行動去「執行」。「人際網絡的意義，其實比一般人所能想像得到的還深遠。」這是魏斯能為他即將出版的書《不上，則下》，訪問了兩百八十位企業總裁後所發表的感想。他說：「那些企業總裁們，非常致力於發展互需關係的基礎。雖然每個人都有他們如何步步高陞到金字塔頂端的精彩故事，但大多數人把他們的成功歸功於身旁人的提拔。

根據美國作家柯達的說法：「人際網路非一日所成，它是數十年來累積的成果。如果你到了四十歲還沒有建立起應有的人際關係，麻煩可就大了。」

要想成功，就必須有一個好的人際圈子，要知道僅憑一個人的能力是很難完成自己的事業的。只要有人願意幫你，不斷地為你提供各種資源，你才能有更多的成功機會。但是，人際關係的圈子是需要你來培養的，只有用真誠和愛心才能鞏固起你的人際關係。

珍惜別人的面子

我們這裡所提的「臉皮厚」，並非是讓我們耍無賴，喪失尊嚴，而是希望我們在為人處世時，學會忍耐，學會等待時機，學會主動把握機遇。那些羞羞答答，不肯降低身價做事的薄臉人，在激烈的競爭中，肯定會陷入被動的境地。

人最大的特點就是愛面子，無論做什麼事都會考慮到自己的面子。「面子」到底是什麼東西呢？面子說白了就是尊嚴。誰都希望自己在別人面前有尊嚴，被人重視，被人尊重。因此，我們在與人交往時，為自己掙得面子的同時，也別忘了為別人留些面子，這一點非常重要。

一九二二年，土耳其人與希臘人經過幾個世紀的敵對之後，土耳其人終於下決心把希臘人逐出土耳其領土。穆斯塔法·凱末爾對他的士兵發表了一篇拿破崙式的演說，他說：「不停地進攻，你們的目的地是地中海。」於是，近代史上最慘烈的一場戰爭展開了。土耳其最終獲勝。

當希臘的迪利科皮斯和迪歐尼斯兩位將領前往凱末爾總部投降時，土耳其士兵對他們大聲辱罵。但凱末爾卻絲毫沒有顯現出勝利的驕氣。他握住他們的手，說：「請坐，兩位先生，你們一定走累了？」然後，在討論了投降的有關細節之後，凱末爾安慰這兩位失敗者；他以軍人對軍人的口氣說：「兩位先生，戰爭中有許多偶然情況，有時最優秀的軍人也會打敗仗。」

卡內基說：「凱末爾即使在全面勝利的興奮中，為了長遠的利益，仍然記著這條重要的信條——讓別人保住面子。」

每個人都有自己的面子，這關係到自己的尊嚴和地位。面對失敗者或是弱勢群體，我們卻很少想到這一點。緣於自己的優越，我們常常無情地剝掉了別人的面子，傷害了別人的自尊心，抹殺了別人的感情，卻又自以為是。捫心自問，這種心理是多麼淺薄，心胸是多麼狹窄啊！朋友們，即使我們自己很優秀，也千萬記得給別人留些面子，這樣我們才會為人所尊敬。

溫和帶來好運

有句老話說：不能生氣的人是笨蛋，而不去生氣的人才是聰明人。

羅納先生住在瑞典。他在維也納當了很多年律師，但是在第二次世界大戰期間，他逃到瑞典，一文不名，很需要找份工作。因為他能說並能寫好幾國的語言文字，所以希望能夠在一家進出口公司裡找一份祕書工作。絕大多數的公司都回信告訴他，因為正在打仗，他們不需要這一類的人，不過他們會把他的名字存在檔案裡……等等。但是一家公司在寫給羅納的信上說：「你對我生意的了解完全錯誤。你既錯又笨，我根本不需要任何替我寫信的祕書。即使我需要，也不會請你，因為你連瑞典文也寫不好，信裡全是錯字。」

當羅納看到這封信的時候，簡直氣得發瘋。於是羅納也寫了一封信，目的要想使那個人大發脾氣。但接著他就停下來對自己說，「等一等，我怎麼知道這個人說的是不是對的？我學過瑞典文，可是這並不是我家鄉的語言，也許我確實犯了很多我並不知道的錯誤。如果是那樣的話，那麼我想要得到一份工作，就必須再努力地學習。這個人可能幫了我一個大忙，雖然他本意並非如此。他用這種難聽的話來表達他的意見，並不表示我就不虧欠他，所以應該寫封信給他，在信上感謝他一番。」

羅納撕掉了他剛剛已經寫好的那封罵人的信，另外寫了一封信說：「你這樣不嫌麻煩寫信糾正我，實在是太好了，尤其是你並不需要一個替你寫信的祕書。對於我把貴公司業務弄錯的事我覺得非常抱歉，我之所以寫信給你，是因為我向別人打聽，而別人把你介紹給我，說你是這一行的領導人物。我並不知道我的信上有很多語法上的錯誤，我覺得很慚愧，也很難過。我現在打算更努力地去學習瑞典文，以改正我的錯誤，謝謝你幫助我走上改進之路。」

不到幾天，羅納就收到了那個人的信，請羅納去找他，並因此得到了一份工作。羅納由此發現「溫和的回答能帶來好運」。試著用溫和的回答來代替憤怒，你會有另一番收穫。

事事以大局為重

這個時代是一個不斷發展變化的時代，現在你不如別人，也許以後就會超越別人。在這種信念支配之下，你會走自己的路，心情明朗地爭取成功。當然，你的強與弱，是與別人無關的，但進一步想，這畢竟有利於你放棄狹隘，爭取成功。

喬治．馬歇爾是美國一代名將，在第二次世界大戰中，他作為美軍參謀長，對建立國際反法西斯統一戰線作出重要貢獻。鑒於其卓越貢獻，一九四三年美國國會同意授予馬歇爾為美國歷史上從未有過的最高軍銜——陸軍元帥。但馬歇爾堅決反對，他的公開理由是如果稱他馬歇爾元帥，後兩個字發音相同，聽起來很彆扭。其實真正的原因是這將使他的軍銜高於當時已病倒的潘興陸軍四星上將。馬歇爾認為潘興才是美國當代最偉大的軍人，自己又受潘興提拔和力薦之恩，馬歇爾不願使他崇敬的老將軍地位和感情受到傷害。

第一次世界大戰中，馬歇爾隨美軍赴歐參戰。當時的美國遠征軍司令潘興非常欣賞馬歇爾的才能，大戰末期將他提拔為自己的副官，視為得意門生。後來潘興雖然退役，仍然多次力薦馬歇爾晉升。在潘興的有力影響下，一九三九年馬歇爾以臨時四星上將軍銜出任美軍參謀長。一九三八年春，馬歇爾去探望病榻上的潘興，潘興若有所思地說：「喬治，總有一天你也會像我一樣當上四星將軍的。」馬歇爾滿懷感激之情地回答：「美國只有您有資格獲得四星上將軍銜，絕不可能再有另一個人。」聽到馬歇爾的肺腑之言，潘興頓時熱淚盈眶：「謝謝你，喬治。」馬歇爾當陸軍參謀長後，為了表示對他的敬意，美軍從此不再設元帥軍銜。一九四四年，馬歇爾晉升五星上將——美軍的最高軍階。

一個人應有寬大的氣量，才能樹立起崇高的威望，如果氣量狹窄，計較這、計較那、勢必在做人處事時遇到挫折，難以大展身手。所以凡事應以大局為重，修身養性，才能做一個成功的人。

你要曉得你自己要幹什麼

凡事曉得自己需要什麼，曉得從目前所處的地位達到內心所想要的地位要經過什麼路程，而且不易覺得自滿，那麼，這樣的人就可成就事業。那麼一個人怎麼曉得他需要什麼呢？那些大人物的偉大志願不是與生俱來的，他們是根據許多經驗，以及留心別人所未見到之物，而造就出來的；他們是因為不滿足現狀，自我覺悟出來的。

放著今天的事不做而想留等明天做，就在這個拖延中所耗去的時間、精力，實際上能夠將那件事做好。做以前積壓下來的事，會覺得多麼的不愉快而討厭！當初可以很愉快、容易做好的事，拖延了數日、數星期之後，就會顯得厭煩與困難了。接到郵件，應該立刻回覆，最為容易；因此有的機關、公司中訂下規則，不准任何來信隔夜不回。

命運無常良緣難！在我們的一生中，每人都有良機佳遇的到來，但總是一瞬即逝。我們當時不把握住它，以後就永遠失掉了。

有計畫而不去執行，這對於我們的品格力量會產生非常不良的影響。有計畫而努力執行，這就能增強我們的品格力量。有計畫不算稀奇，能執行訂下的計畫才算可貴。

一個生動而強烈的意象、觀念閃入一位作家的腦海，生出一種不可阻遏的衝動——想提起筆來，將那美麗生動的意象、觀念移向白紙。但那時他或許有些不方便，所以沒立刻就寫。那個意象不斷地在他腦海中活躍、催促，然而他還是拖延。後來那意象便逐漸地模糊、黯淡了，最終整個消失！

一個神奇美妙的印象突然閃電一般地襲入一位藝術家的心胸，但他不是立刻提起畫筆將那不朽的印象繪在畫布上。這個印象占領了他全部的心靈，然而他總是不跑進畫室埋首揮毫。最後這幅神奇的圖畫，會漸漸地從他的心靈上淡去。

所以，我們要經常告訴自己現在要做什麼，而且有了目標就應馬上行動。欲望只有和行動相結合，你才會走向成功。

別為自己樹敵太多

與一個人意見相左的人越多，他的事業就越難以發展，他的人際交往也就越失敗。

無論是偉人、名人還是平常老百姓，都或多或少有一些和自己意見、觀點、性格都相反的人。志不同、道自然也不合。

無論在學校、官場還是商業界，一個人如果把同學、同事或同行作為競爭的死對頭來看待，他就會整天處於一種焦慮的狀態之中。也許你會想：「他現在比我厲害，我一定要還以顏色，一定要超過他，打敗他，讓他向我認輸。」如果你帶著這種心態進行競爭的話，可能會不擇手段，運用奇招異術攻擊對手，即使贏得勝利，也可能禍及雙方的人際關係，傷了大家的和氣，對人對己都沒有好處。而且以戰勝他人作為自己追求的目標，未免太低估自己潛力。假如對方是很強的競爭者，你一直無法超越他、戰勝他的話，那麼你可能感到非常沮喪和失望，甚至會想出一些消極的方法來傷害對方。這樣你的情緒發展會更為糟糕，報復的代價畢竟太大了。

我們實在沒有必要為自己樹立太多的敵人，常言道：多個朋友多條路。與其樹人為敵，不如化敵為友，這樣，我們的路才會越走越寬，越走越順。

要為別人著想

「人不為己，天誅地滅」，時時處處為己，早晚會引火燒身，所以什麼事都不要做得太絕了。

有位詩人在日本到一家中國人開的餐館，點了一份他感興趣的湯。入座不久，服務生將一大碗湯放在他面前。他一愣，問服務生：「這麼大一碗湯，我能喝得完嗎？」服務生理直氣壯地回答：「你沒說明是要一小碗呀！」他一時語塞，匆匆喝了幾口湯，心裡感到不是滋味，便按一大碗湯的價格付了錢後拂袖而去。

後來，他又到一家日本人開的料理店，點了一份同樣的湯，也沒有說是一大碗還是一小碗。不一會，服務生為他端來一小碗湯，並說：「如果不夠，可再來一碗。」他只喝了一小碗，當然只付了一小碗湯的錢。再後來，他每次去日本，都要到那家料理店用餐，包括喝他感興趣的湯。

只有切實地為他人著想，而不是處處算計他人，這樣才能獲得他人的信賴，並可以因此為自己帶來好處。

量力而行，適可而止

森林中舉辦比「大」比賽。老牛走上擂臺，動物們高呼：大。大象登場表演，動物們也歡呼：大。這時，臺下角落裡的一隻青蛙氣壞了，難道我不大嗎？青蛙嗖地跳上一塊巨石，拚命鼓起肚皮，並神采飛揚地高喊：我大嗎？

不大。傳來一片嘲諷之聲。

青蛙不服氣，繼續鼓肚皮。隨著「喀」的一聲，肚皮鼓破了。可憐的青蛙，至死也不知道它到底有多大。

一位年輕人是個登山隊員，一次他有幸參加了攀登聖母峰的活動，在六千四百公尺的高度，他體力不支，停了下來。當他講起這段經歷時，大家都替他惋惜，為何不再堅持一下呢？再攀一點高度，再咬緊一下牙關。

「不，我最清楚，六千四百公尺的海拔是我登山生涯的最高點，我一點都沒有遺憾。」他說。

人們不禁對他肅然起敬。聯想起人生，一個人不怕爬高，就怕找不到生命的制高點。任何事情都存在突破僵局的關鍵，但不是任何人都能夠突破僵局，達到更高的層次。如果說挑戰是對生命的讚揚，那麼明智該是另一種美好的境界，是對生命的愛惜和尊重。一個不懂得珍惜生命的人，命運會給予他懲罰。

那樣，握著一根座標尺走路該是何等重要！它能督促我們不懈努力地攀登，又能提醒我們恰到好處地戛然而止。

仰之彌高，那是笨蛋的愚蠢和貪婪。一個智者，此時此刻，也許悠然而從容地下山去了。

找出一個臨界點，告訴自己：安之若素，莫把自己搞成一臺長期超負荷運轉的機器。

量力而行，恰到好處，當行則行，該上則上。真理過一分則成謬誤，壓力責任過一分則會把生命壓垮。

人人身上都有優點

如果你不喜歡和周圍的人交往，有個簡單的方法可以幫助你，那就是要善於尋找別人的優點。

戴爾．卡內基講述了下面的故事和體會：大約四年前，我認識了華特．黑利，一個來自達拉斯、成功的、精力充沛的人。我們的相識令我終生難忘，因為我和華特很快就建立起了極其融洽的關係。在一次短暫的拜訪之後，他帶我去參觀他一項與眾不同的投資項目。他當時在做保險生意，有一個新的設想，就是向全國成千上萬的獨立食品雜貨商們批銷保險，他以食品雜貨倉庫作為他發展事業的基地。

第一次去參觀他那個巨大的倉庫時，進門後，他停在一個接線生面前，說：「我想告訴你，你做的工作多麼了不起，因為你讓人們打電話時心情愉悅。」這個接線生很開心地笑著說：「謝謝你，黑利先生，那正是我盡力做的。」接著，我們走進辦公區。當走過一個部門時，黑利先生對我說：「我們進去一下，我想讓你認識一個人。」他走進辦公室，向裡面的主管做了自我介紹，然後說：「雖然以前我們沒有見過面，但是我知道你的這個部門。我只是想讓你知道我對這裡發生的一切都很了解，自從你接管這個部門以來，我們沒聽過顧客的一句抱怨，這是你的功勞。」這個主管聽後露齒而笑，說：「噢，謝謝你，黑利先生，我要盡我最大的努力來做好我的事。」

走上樓，剛要走進裡面的辦公室，他突然停下來說：「我想介紹你認識坐在桌子後面那位最偉大的祕書。」然後他走到祕書面前說：「我想我從來沒有告訴你這樣一件事，就是我妻子認為是你把月亮掛上了天空，並相信你能隨時把它摘下來，因此我請求您不要這樣做。」祕書微笑著說：「我很高興聽您這麼說。」接著我們走進保險業務辦公室，他說：「來和這位最優秀的保險工作者握握手，他是這個行業中的佼佼者，因為他是那樣勤奮，不辭勞苦。」

這整個過程不超過三分鐘，但華特．黑利卻使每個人都將以高水準的工作標準來要求自己。他給予職員的是真誠的稱讚，他得到的將是他們對工作、對公司的滿腔熱情。我敢保證，在黑利先生的這種態度激勵下，公司職員的工作效率會越來越高。我還敢保證華特．黑利對這次行程的結果很滿意——我也一樣。只要你願意去鼓勵別人，他們的表現就會越來越好，你得到的報償就會越來越多。

第六章　一分鐘對待心態

在你重新開始的時候，你必須牢記一句箴言。如果你把它時常放在心裡，你所遇到的一切障礙都會迎刃而解，你將無往而不勝。這句箴言就是：如果你有成功的決心，你就永遠不會失敗。

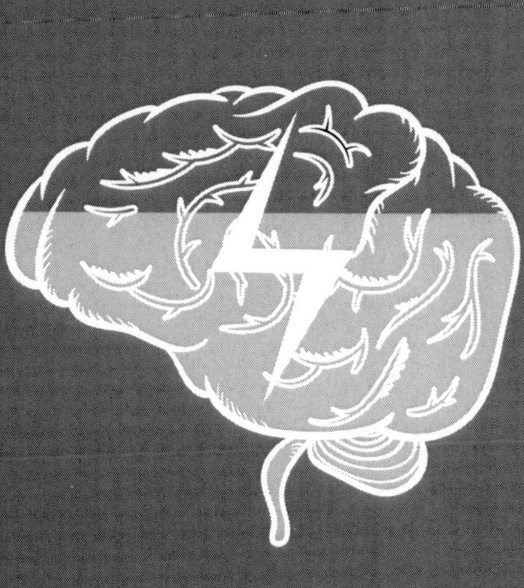

快樂起來的好習慣

你也許聽說過一些微不足道卻很有意義的事情。一位名叫理查·考奇的作家最近做的一項調查就是其中一例。透過對成百上千快樂的人所做的調查，他發現使他們感到快樂的事竟如此出人意料。

究竟什麼使人感到幸福、快樂？答案不是甜蜜的愛情，十足的運氣和額外的收入。考奇說：「那些快樂的人們組成了我命名的『五點快樂習慣』。」也就是說他們直接採取很短的、五分鐘甚至更短時間的方法，就能使自己和周圍的親朋好友感到快樂。以下就是這些簡便易行的方法：

(1) 善意、禮讓能帶給你快樂

在汽車疾馳過程中，讓另一輛車在你前面行駛；在超市排隊購物時，讓一位疲憊的老奶奶站在你前面；與家有病人的同事開一個善意的玩笑等等。這些日常生活小事都會使你感到快樂。

美國密西根州的社會心理學家、哲學博士戴維．邁爾斯說：「人類是社會性的高等動物，這就必然使我們與其他人之間建立一種聯繫。例如幫助別人，哪怕是盡了微薄的力量，或者幫助的是一位陌生人等等，這些都會促成人們有一種聯繫的感覺。」另外，當你幫助別人時，他們會非常感動，或以微笑報答，或以一句感激的話酬謝，這些都會使你找回自我。

(2) 及時問候親友能帶給你快樂

給朋友打一個電話，僅僅是為了問候一聲。居住在士桑的三十五歲會計布倫達．瑞莉正在為工作的事而煩惱。在與好朋友一番交談之後，又變得快樂起來。這對研究人員來說不足為奇，因為他們經過長時間研究認為，朋友對於人們的健康快樂是必不可少的。

快樂的人每天都會得到一種短暫的友好問候，僅僅五分鐘的電話就會使人們快樂起來。麥爾斯說：「這是因為它讓我們記起了生活中的關愛，享受到生活中的喜悅，分擔了生活中的憂慮。」

（3）適當地款待自己能讓你快樂

早餐時，用蛋糕代替老套的鬆餅，在倒楣的這天到小吃店縱情地享受一下，或雙腿平擱起來休息一會兒，你就會有另一種心情。快樂的人們允許他們自己每天都得到款待。

為什麼每天的款待這麼重要？華盛頓大學心理教授、情緒研究員蘭迪．拉森說：「酬謝自己可以肯定你是值得好好款待的人。這樣你就會找到自尊，找到快樂。」

（4）適量的運動能帶給你快樂

要爬樓梯不要坐電梯，把車停在遠處的林蔭路上提前一站下車走回家等，這些簡單的運動都會使人感到快樂。快樂的人每天都要做類似的運動。考奇發現這些運動能有效地放鬆繃緊的神經，使人們感到輕鬆快樂。考奇說：「五分鐘輕快的漫步就可以使人精神飽滿。」

（5）嘗試新事物能帶給你快樂

看報紙，玩一種縱橫填字遊戲，觀察奇、特、險的東西，嘗試一種新辦法等等，都會使人增加快感。快樂的人們每天也做這些事情。

成功來自內心

當你相信某件事情時，通常是因為別人如此告訴你——你的父母、老師、朋友、同事、夥伴、老闆或員工。你受到別人的影響，通常是正面的。結果，你的信仰系統就此形成、改變了，或以某種可以衡量的方法鞏固。例如，你的父母試圖說服你，擁有一份大公司的工作比較重要，比較有地位，也比當一個園丁有保障。如果你相信他們的話，你就會把這個觀念納入職業的抉擇，以及你所遵循的方向中。

我們每個人都有信仰，這並沒有什麼不對。從另一方面來說，明瞭的本質是直覺。當你知道某件事情時，你可以感覺得到它。你很確定。你或許不一定都能夠解釋或闡釋自己為何會有這種感覺。可是，內心的某個東西——智慧、常識、指引，不論是什麼——都提供了你所需的答案，只要你傾聽，它們就會指引你方向。

所有人都對自己有所認識——我們的夢想，我們希望與人分享的天分、想追求的特殊才華。可是，我們卻常常用自己的信念埋沒了我們所知道的這些事，最後它們變成了我們自己的限制。我們的信念說服自己這樣的事情：我做不到，這是別人的事，這跟我的本性不合。或者提供我們方便的藉口：我沒有時間，我從來沒有休息時間，或我的人生還沒有定好計畫。

若無其事地在街上漫步，無心人往往什麼也感受不到，而有心人，對周遭事物和現象就會有所印象，而且牢牢地刻印在大腦裡。

糊裡糊塗過日子的人即使有所感受，也不過是停留在表面上，具有明確目標意識的人會將它作為「情報」來接受。說到底，要緊的不是我們有什麼或做什麼，而是我們從我們所有與所做的裡面得到什麼，我們將什麼深入內心，將什麼化為己有。將某種東西化為自己所有的過程，就是學習。

願意學習，並且應用所學——一言以蔽之，「成長」——是財富的一大標誌。

從你的內在呼喚和智慧開始。你真正珍惜和喜歡的是什麼？你的心想告訴你什麼？有沒有什麼是你的內心需要追求的？這些問題都會將你送上康莊大道。你就會發現自己獨特的方法，讓這條路邁向成功，同時樂趣無窮。

做自己情緒的主人

放下沉重的包袱，不為貪婪所誘惑，輕裝前行。

法國人從莫斯科撤退後，農夫和商人在街上尋找財物。他們發現了一大堆燒焦的羊毛，兩個人就各分了一半捆在自己的背上。

歸途中，他們又發現了一些布匹，農夫將身上沉重的羊毛扔掉，選些自己扛得動的較好的布匹。貪婪的商人則將農夫所丟下的羊毛和剩餘的布匹通通撿起來，重負讓他氣喘吁吁、緩慢前行。

走了不遠，他們又發現了一些銀質的餐具，農夫將布匹扔掉，撿了些較好的銀器背上，商人卻因沉重的羊毛和布匹壓得他無法彎腰而作罷。

突降大雨，飢寒交迫的商人身上的羊毛和布匹被雨水淋溼了，他踉蹌著摔倒在泥濘當中，而農夫卻一身輕鬆地迎著涼爽的雨回家了。他變賣了銀器，生活富足起來。

人生之旅前頭就是機遇，希望正在前行的過程中和平常心一樣能成大事。

面對帶槍的強盜，反抗或立即逃跑必然是無濟於事的。

一天深夜，卓別林帶了一筆錢回家。在經過一段小路時，樹後突然閃出一個彪形大漢，拿著手槍逼他交出所有財物。

卓別林看著黑洞洞的槍口，裝作渾身發抖，戰戰兢兢地說：「我是有點錢，可全是老闆的，幫個小忙吧，在我帽子上打兩槍，我回去好交待。」

強盜沒有說話，但把他的帽子接了過去，「砰砰」地打了兩槍。

卓別林又央求再朝他的褲腳打兩槍，「這樣不就更逼真了，主人就不會不相信了。」

強盜不耐煩地拉起褲腳打了幾槍。

卓別林又說：「請再朝衣襟上打幾個洞吧。」

強盜：「你這個膽小鬼，他媽的……。」

強盜扣著扳機，但不見槍響。

卓別林一看，知道子彈沒了，便飛也似地跑了。

情緒是自己的，控制好它，會為自己帶來無窮益處。

保持清醒的頭腦

路在自己腳下，怎麼走由自己來決定，一味順從終究會迷失自我！信不信由你！

餐桌上，七八個年輕人為打開一個惱人的酒瓶塞而幾乎敗了酒興。

經過他們輪流折騰，那個軟木塞非但起不出，反而朝瓶內陷下去半公分。有人提出應該用剪刀挑；有人則否定，認為木質疏鬆，不易成功；有人提出最好用一隻螺絲釘旋進木塞，然後用力拔出；還是有人否定，認為即使稍微朝下用點力木塞也會掉進瓶內；又有人認為最好的辦法是用錐子對著木塞朝瓶頸壁的方向使勁插入，就可望將木塞隨錐子一起拔出。大家說主意雖好，可惜眼前找不到這種工具。

幾次折騰的結果是軟木塞沒有取出，卻掉進了酒瓶內。漢子們在一片惋惜中發現了事情的結果——酒能倒出來了。

在走了許多彎路之後，人們往往發現原來最不願意走的那條路竟是最好走的路。

這個世界上，最清醒的人應該是自己，而不是別人。自己不能選擇自己的路，豈不是一種悲哀嗎？

一位勤勞的農民，從自己的菜園中收穫了一個大南瓜，他又驚又喜，便把這個南瓜獻給了國王。國王很高興，賜給農民一匹駿馬。

這件事很快家喻戶曉。

一位富翁動了腦筋：獻個大南瓜，就能得到一匹駿馬，如果獻一匹駿馬，國王會賜給我多少金銀珠寶或美女呢？

於是財主向國王進獻了一匹價值連城的駿馬。國王同樣很高興，吩咐侍者：

「把那位農民獻的那個珍貴的大南瓜，賜予這個獻駿馬的人吧。」

不同的環境，造就不同的心態。那種見別人做什麼就想做什麼，不假思索的人，往往會事與願違。

把「失去」當作「被遺棄」

如果你認為它是失去的東西，那麼你的意志與感受便會不斷地反應在那件失去的事物上了。換句話說，失去的現象屬於尚未了結的性質，所以內心一定會萬分地惋惜，甚至還會想不開。相反地，如果你把它想成被遺棄的東西，那就表示這是一種廢物，在這種情況下，你將會以輕鬆的心情來處理了結的事物，並且對它不再眷戀。

我們的人生包含有初戀和青春等抽象的事物，失去的東西誠然不計其數。然而，我們只要把那些東西當做被遺棄的廢物時，沮喪的感覺就會減輕了許多。

時運不濟作為人生旅途中的一段灰暗路程，人人都可能遇到，只不過有些人遭遇的時間短一些，有些人遭遇的時間長一些。然而，一輩子都時運不濟的人很少。

有一位大學生，照理說作為一個獲得了高等教育的人不應該時運不濟，然而，時運不濟的事還是全讓他碰上了。

不知是接連不斷的時運不濟磨硬了腳板，還是一路灰暗的行程擦亮了眼睛，總之，他並沒有消沉，而是去了濱海的一個農場，這個農場是他父親過去工作過的地方。他在那裡租了一百二十畝地，利用他學的科系專門種植荷蘭的一種鬱金香，據他父親說這種產品已在東部幾個城市裡供不應求。第一年的淨利超過數萬元。

在谷底的時候，只要你抬腳走，就會走向高處，這就是否極泰來。可如果你躺下不動了，這就是墳墓。

適可而止莫貪圖

高處不勝寒。永不滿足的欲望不停地誘惑著人們追求物欲的最高享受，然而過度的追逐利潤，往往會使人們迷失生活的方向，因此，凡事適可而止，才能在緊湊的節奏中獲得片刻的歡愉。

幾個人在岸邊垂釣，旁邊幾名遊客在欣賞海景，只見一名垂釣者釣竿一揚，釣上了一條大魚，足有三尺長，落在岸上後仍騰跳不止。可是釣者卻用腳踩著大魚，解下魚嘴內的釣鉤，順手將魚丟進海裡。

周圍圍觀的人響起一陣驚呼，這麼大的魚還不能令他滿意，可見垂釣者雄心之大。

就在眾人屏息以待之際，釣者釣竿又是一揚，這次釣上的是一條兩尺長的魚，釣者仍是不看一眼，順手扔進海裡。

第三次，釣者的釣竿再次揚起，只見鉤線末端鉤著一條不到一尺長的小魚。圍觀眾人以為這條魚也肯定會被放回，不料釣者卻將魚解下，小心地放回自己的魚簍中。

遊客百思不得其解，就問釣者為何捨大而取小。

想不到釣者的回答是：「喔，因為我家裡最大的盤子只不過有一尺長，太大的魚釣回去，盤子也裝不下。」

在經濟發達的今天，能正視金錢，對你的人生觀、價值觀的修養很有幫助。錢本來就應當使生活變得更美好，不是嗎？

有個守財奴將自己的全部家當換成了一塊金子，把它埋在牆角下的一個洞裡，而且每天都要看一次。由於他總要去那裡，漸漸引起了別人注意，發現了這個祕密，趁他不備偷走了金子。守財奴再去時，金子已經不在，於是他放聲大哭。鄰居見他如此難過，就安慰他說：「金子埋在那裡不用，和石頭有什麼分別，這樣吧，你再埋一塊石頭在那裡，拿它當金子不就行了嗎？」

人面對金錢，就應當有一個正常、豁達的態度，既不要像一毛不拔的鐵公雞那樣當個守財奴，也不要胡亂揮霍成為敗家子。

不以物喜，不以己悲

和諧難得，和諧又從何而來，往往是我們以一種好的心態去待人接物，和諧便至。我們應好好珍惜這難得的和諧。

戰國時代，在長城外住了一位老翁。有一天，老翁家裡養的一匹馬無緣無故走失了。在塞外，馬是負重的主要工具，所以，鄰居都來安慰他，這位老翁卻很不在乎地說：「這件事未必不是福氣！」過了幾個月，走失的那匹馬居然帶了一匹胡人的駿馬回家，這真正是賺到了，鄰居都來慶賀。這位老翁卻說：「這未必不是禍！」幾個月後，老翁的兒子騎這匹胡馬摔斷了大腿骨，鄰居們在佩服老翁料事如神之餘也趕來慰問，而這位老翁卻毫不在意地說：「這倒未必不是福！」事隔半年，胡人入侵，壯丁通通被徵調當兵，戰死沙場者十之八九，而老翁的兒子卻因為摔斷了一條腿免服兵役而保住一命。

塞上老翁這種透過長遠時空、利弊並重的思考問題方式，自然產生「不以物喜，不以己悲」的平常心，遂成為中國傳統文化中睿智的典型。這種平常心帶來了生活中的和諧，寬容心不也是如此嗎？

將壓力變為動力

壓力，能使人在思想感情上受到多方衝擊，從中感悟人生的真諦，自覺把握人生的走向。

有一個在某重要部門任職十多年的中年人，手中有點權力，但他不以為驕，為人正直，潔身自好，人際關係亦不錯。少時家貧，而家中沒有任何背景，靠著自己一點一滴的努力才有今天的地位。我知道有今日來之不易。靠我工作的條件，搞點邪門歪道是容易的，但我知道那樣做的最終後果。所以，我始終能保持一種清醒和理智。其實，人要有所為，就要有所不為。該做的一定要做好，不該做的堅決不做。人要有所得，就要有所失。該失去的東西就要毫不吝嗇，甚至忍痛割愛。得到的並不一定就值得慶幸，失去也並不完全是壞事情。能否從容對待、恰當處理這些問題，就看自身的修養和品德了。」

相反，人若是太幸運了，離開壓力的「哺育」、悲痛的「滋養」，常常是淺薄的。

懶於思考，不知天高地厚，也不知自己的能力究竟有多大，或碌碌無為，成為墜地塵埃。

理智地對待壓力而形成的適度緊張能增強大腦的興奮過程，提高大腦的生理機能，使人思維敏捷反應迅速。在緊張壓力的生活和工作中，心臟往往要透過加強收縮來排出更多的血液，以供給全身各器官、組織需要。而血管的伸張收縮功能，對減少心血管疾病的發生十分有益。所以，適度緊張是一種經常性的健身運動，它要求手動得勤，腿跑得快，身體各部分肌肉活動增加，新陳代謝加強，這無疑使人增加體力、靈活性和抵抗疾病的免疫力。

當然過度壓力也有破壞力，它會使即將到手的成功不翼而飛，化為泡影，使意志薄弱者永遠默默無聞或沉入人生的低谷。所以，正確對待壓力，將壓力變為動力，是最重要的人生藝術。

忍讓是一種美德

忍讓是人的一種美德，為了一點小事而與室友長期關係緊張，實在不值得。從這裡可以看出一個人的修養，這種人與誰生活在一起，誰都會忍受不了。是的，在人生路上，需要忍讓、寬容。

古希臘神話中有一位大英雄叫海克力斯。一天他走在坎坷不平的山路上，發現腳邊有個袋子似的東西很礙腳，海克力斯踩了那東西一腳，誰知那東西不但沒被踩破，反而膨脹起來，他拿起一根碗口粗的木棒砸它，那東西竟然長大到把路堵死了。正在這時，山中走出一位聖人，對海克力斯說：「朋友，快別動它、忘了它，離開它遠去吧！它叫仇恨袋，你不犯它，它便小如當初，你侵犯它，它就會膨脹起來，擋住你的路，與你敵對到底！」

這則寓言故事告訴我們：在生活中，難免與別人產生摩擦誤會甚至仇恨，但別忘了在自己的仇恨袋裡裝滿寬容，那樣我們就會少一分阻礙，多一分成功的機遇。否則，我們將會永遠被擋在通往成功的道路上，直至被打倒。

成功的路上不需要仇恨，需要寬容面對一切，這樣才能減少你前進的阻礙，帶來成功的機遇，否則你將在仇恨的袋子裡不見天日。

時刻高喊「我很重要」

每個人都會有困境，沒有困境的人是不可能有的，只有挑戰困境，才能從困境中走出第一步。許多人走不出困境，是因為缺乏高喊「我很重要」的勇氣；相反地，能這樣做的人，就會是另外一種樣子。

第二次世界大戰後受經濟危機的影響，日本失業人數陡增，工廠生意也很不景氣。一家瀕臨倒閉的食品公司為了起死回生，決定裁員三分之一。有三種人名列其中：一種是清潔工，一種是司機，一種是沒有任何技術的倉庫保管人員。三種人加起來有三十多名，經理找他們談話，說明了裁員意圖。清潔工說：「我們很重要，如果沒有我們打掃環境，沒有清潔優美、健康有序的工作環境，你們怎麼會全身心投入工作？」司機說：「我們很重要，這麼多產品沒有司機怎能迅速銷往市場？」倉管人員說：「我們很重要，戰爭剛剛過去，許多人掙扎在飢餓邊緣，如果沒有我們，這些食品豈不要被流浪街頭的乞丐偷光？」

經理覺得他們說的話都很有道理，權衡再三決定不裁員，重新制定了管理策略。最後經理令人在工廠門口懸掛了一塊大匾，上面寫著：「我很重要」。每天當職工們來上班，第一眼看到的便是「我很重要」這四個字。不管一線職工還是白領階層，都認為主管很重視他們，因此工作也很賣命。這句話激勵了全體職工的積極性，幾年後公司迅速崛起，成為日本有名的公司之一。

你敢說「我很重要」嗎？試著說出來，你就能激發出挑戰困境的氣魄！

掌握心靈的方向

事業或學業成功的人，往往都能夠充分地運用積極心態的力量。人人都希望成功會不期而至，但絕大多數人並沒有這樣的運氣或條件。就算有了這些條件或運氣，有些人也可能感覺不出來。很明顯的東西往往容易被人忽略，每個人的積極心態就是他的長處，這是毫無神祕的東西。

亞歷山大大帝有一次大送禮物，表示他的慷慨。他給了甲一大筆錢，給了乙一塊地，給了丙一高位。他的朋友聽到這件事後，對他說；「你要是一直這樣做下去，你自己會一貧如洗。」亞歷山大回答說：「我哪會一貧如洗，我為我自己留下的是一份最偉大的禮物。我所留下的是我的希望。」

斯通指出：人的心態隨著環境的變化，自然地形成積極的和消極的兩種。思想與任何一種心態結合，都會形成一種「磁性」力量，這種力量能吸引其他類似或相關的思想。

這種由心態「磁化」的思想，好比一顆種子，將它培植在肥沃的土壤時，會發芽、成長，並且不斷繁殖，直到原先那顆小小的種子變成了數不盡的同樣種子。

這就是心態之所以產生重大作用的原因。積極的心態，能夠激發起我們自身所有的聰明才智；而消極的心態，就像蛛網纏住昆蟲的翅膀、腳足一樣，束縛人們才華的光輝。有一首詩對此有著這樣的描述：

如果你認為被擊敗了，
那你必定被擊敗。
如果你認為不敢，
那你必然不敢。
如果你想勝利，但你認為你不可能獲勝，
那麼你就不可能得到勝利。
如果你認為你會失敗，
那你就已經失敗。

背後被踢時，別回頭一直走

有一天，當你走在人來人往的街上時，忽然，你感覺到背後被人踢了一下，請問：你應該有什麼反應？也許你的答案是：回頭看，因為你要知道到底是誰踢你、要對方道歉、要問對方為什麼踢你、要責備對方踢了你，等等。人家背後踢了你，而你回頭看一看是誰踢你，本是很自然的反應，但你卻做錯了。假如還想要對方道歉等等，更是大錯特錯，因為你已經走進了情緒的陷阱，陷入了情緒的圈套。

人家背後踢你，原因不外乎是無意或有意。假如是無意踢了你而你回頭看他時，客氣的話，他頂多跟你說句對不起，你也得不了了之。萬一他看你不順眼而不向你道歉，就會引發你的情緒。或是你也看他不順眼而不接受他的道歉，彼此就會因此而走入情緒中了。

假如那人是故意踢你，目的在找你的麻煩，你要是回頭看，就正中下懷，也許他會出言不遜，或一拳就打了過來，給你一點顏色，讓你掉進情緒。

因此，背後被踢時，最好還是一直往前走，直到你要去的地方。如此，你就能走出情緒、避開情緒了。

背後被踢是小事，但從這小事所學到的應對方法，卻可應用到日常的生活裡，或應用在你周圍發生的更大事情上。

現在，讓我們把背後被踢所悟得之理，應用在生活上的大小事。

請問：在生活裡，你有沒有被人在背後踢過的經驗呢？……有，每個人都有，而且是經常被「踢」。譬如：在工作場所被同事有意或無意地批評或誣告、在家中被父母或家人有理或無理地訓責，或被朋友冤枉等等，這些都是生活上的「背後被踢」。如果你當時馬上「回頭看」，有所反應，就會掉進陷阱，陷進情緒了。

有這麼一個寓言：

一個老太太有兩個女兒，大女兒嫁給一個賣雨傘的，二女婿則靠賣草帽為生。一到晴天，老太太就唉聲嘆氣，說：「大女婿的雨傘不好賣，大女兒的日子不好過了。」可一到雨天，她又想起了二女兒：「又沒有人買草帽了。」所以，無論晴天還是雨天，老太太總是不開心。

一位鄰居覺得好笑，便對老太太說：「下雨天你想想大女兒的傘好賣了，晴天你就去想二女兒的草帽生意不錯，這樣想，你不就天天高興了嗎？」

老太太聽了鄰居的話，臉上天天都有了笑容。

任何事物都可以從多個角度去看，為什麼總要找對自己最不利的角度，和自己過不去呢？記住：做情緒的主人。

把笑掛在臉上

非洲有句諺語：沒有煩惱憂慮！生活有時就是捉弄人，讓你感到無可奈何，所以不如一笑了之。

一項研究結果顯示，上幼稚園的孩子一天笑大約三百次。相比之下，成人一天才笑十七次。難怪孩子們比我們開心多了。我們為什麼那麼嚴肅？或許是因為我們被灌輸的概念是：笑得太多是幼稚的表現。借用電影《星際大戰》中絕地武士尤達大師的話說：「人應該設法拋棄以前所學知識中的謬誤。」我們必須學會重新笑起來。

笑能幫助修復人與人之間受損的關係。就像企業家維克托．博奇形容的那樣：「笑是兩個人之間最短的距離。」

笑還有助於增進健康，加快身體的康復。

如果你不多笑，又怎麼能重新開始呢？希望大家能開闢自己的「幽默收藏」天地，蒐集書籍、卡通公仔、錄影帶、創意——所有你覺得感興趣的東西。在你感到沮喪或想不開的時候，就來這裡光顧一下。諸如有些解悶的電影，我只要一想到裡面的演員就想笑。

當奇怪而又可笑的事情發生在自己身上時，要學會自嘲，因為這些事情注定是要發生的，有人曾經說過：「人能祕密備用的最佳手段之一就是幽默感。」

遇到困難時，請告訴自己：「是很困難，但沒問題」

生活中，人們常常會遇到困難，這是必然的。因為生活是充滿了挑戰、障礙、挫折、逆境等問題的，這就看你如何對待它了。

如果你將生命的真相放在心中，你就會用較寬宏的心態提醒自己，生活並不是一帆風順的，與其為了一些小事煩惱，不如放鬆心情，告訴自己：是很困難，但總有解決的辦法。這樣，你就會輕鬆、愉快起來，或許，眼光一亮，解決困難的辦法真的出現了。

生活中充滿了大大小小的困難。我們有太多事要做，我們有太多困難需要解決，你必須學會改變自己的情緒，學會對自己說：是很困難，但沒問題。事實上，如果事事皆完美，那麼生活就變得毫無生動可言。

第七章　一分鐘對待說話

魯迅說得很深刻：「只有真的聲音，才能感動中國人和世界人；必須有真的聲音，才能同世界人同在世界上生活。」虛情假義只會使你遠離人群，一個人孤獨地流浪。因此，在與人交談時，話切不可太虛，否則將很難與人有進一步的溝通。

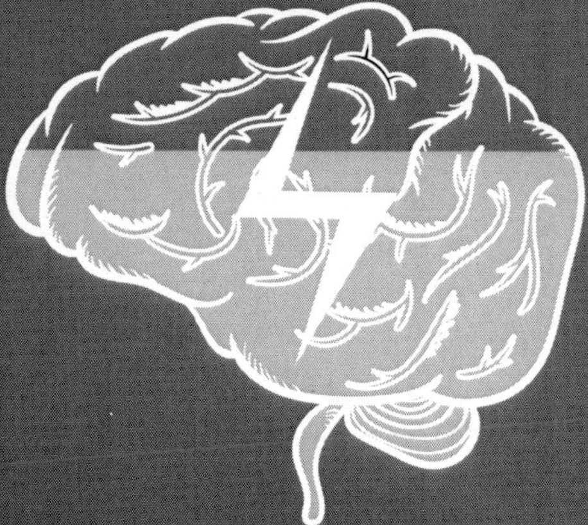

不要把話說得太滿

永遠都不要把話說得太滿，在沒做之前，過於肯定的回答，往往會讓你吃力不討好，而且失信於人。

有次在課堂上，老師問同學：誰家有《三國演義》帶來讓老師看看？同學間你看我，我看你，沒有一個人舉手。小強沒考慮家中有沒有，放在家裡何處，就舉手告訴老師：我家有一本，下個星期一帶給老師。

下課後，小強玩玩乒乓球，天黑才回家。吃過晚飯後，洗完澡倒在床上就睡著了。第二天星期日，他玩得更瘋，從早上出門到晚上才回家，疲憊的身體，連吃飯、洗澡都不顧就倒在沙發上睡著了。星期一，一大早被母親叫起來洗澡、整理書本、吃早餐，隨後匆忙趕到學校。課堂上，老師問他帶《三國演義》了嗎？此時才想起上週六答應老師的事。經過星期六、星期日兩天玩瘋，答應的事早就丟到腦後了，如今啞口無言。同學見了，齊聲說：馬屁拍在馬腿上了。弄得他抓抓腦袋無地自容。老師見此情景，立刻解圍，同時告訴同學們：日後允諾的事都要記在心上，千萬不能忘記，否則失信於人，日後他人對你會失去信心，又如何相信你？

這個故事告訴我們：行事不可隨便答應別人，同時也不把答應別人的事說得太滿，而是改為盡心盡力去完成。

從此以後，小強謹遵此原則，再也沒有讓自己出過醜，同時也得到朋友的支持。

聆聽，也是一種關愛

那一日，你與一位朋友喝酒，或許是彼此本來就是互不設防的知心朋友，半斤黃湯下肚，微醉的他，便一古腦兒把他的一肚子苦水嘩嘩倒了出來。

他在一家公司裡當個小官，就是人們常說的中階幹部。平日裡，他身體力行，謹小慎微，忙碌得很累很苦，希望能向上有個好交代，向下討個好口碑。再者，妻子承擔了全部家務，天長日久，怨尤日甚，不是常常對他發脾氣，就是時不時施發冷嘲熱諷的「利箭」。廠裡家內，他受兩面夾擊……你默默地聆聽著，並擇機疏導安慰。那一晚，你的朋友一定很感動。當你們走出飯店，夜空已繁星點點，街市已燈火煌煌。他的步履一定會變得輕盈，甚至哼起歌來。

我們蟄居在這個鋼筋混凝土構築的都市裡，難免會疲憊，難免會苦惱，或事業受挫，或身虛體弱，或戀愛告吹，或遭流言中傷。

生活就是這樣，你無法拒絕這些不期而至的苦惱。有的人因此神情沮喪、士氣低落、脾氣暴躁，情緒不寧。陷入此境的人，很需要宣洩的管道，需要有人聆聽他或她的傾訴，我們如果給予理解和真誠的疏導，明天他或她仍會是搏擊長空的鷹，創造更大的輝煌。反之，如果沒有人願意聆聽苦惱人的傾訴，或是隨意和委婉打發人家，那麼無疑是把他或她推向更不愉快的境地，甚至成為落羽的鳳凰。

有人說，具有同情心的人朋友多；還有人說，態度和藹的人朋友多；更有人說，善於聆聽他人說話的人朋友多。不管怎麼說，朋友多，無非就是別人樂意接近你，容易從你身上獲得同情、理解和諒解。朋友多，是建立在先作奉獻的基礎上。如果你懶得把溫暖給予別人，你也就別奢望他人的光亮會反射到你的身上。

其實，默默地聆聽別人的傾訴，不只是一種同情和理解，不只是一種單向的付出。每一個人的生活經歷，都是一部蘊藏豐富內容的教科書，都可供你閱讀和汲取有益的養分，從而提醒自己，避開路上的沼澤。所以，我們要善於去接近和喜歡別人，要學會聆聽別人的話，對你的同窗和同伴、同事、同仁，對你的父母、兄弟、姐妹、丈夫、妻子、孩子、戀人、友人都要這樣。

多說好話

壞話氣死人，好話哄死人。

語言是一種藝術，也是一種生活水準的展現。好、壞如何評斷？很難。但我們仍可知道一個最淺的通理：壞話氣死人，好話哄死人都不償命。

假使各位要探討自己是否言之有物？很簡單，看看別人的反應即可知道。假使我們言而無味，自己要盡快充實自己的內涵，當你有內涵後，別人就會主動親近你。

別人會親近你，你的上司會喜歡你，你的朋友會喜歡你，陌生人也會喜歡你，你的人生還會孤獨嗎？相信你的人生充滿了動力，你離成功的日子就近了。

願你時時口吐芳香，言之有物，做個人人喜歡的人。

說話邏輯不可亂

語言是交際的工具、訊息的載體，人們在口頭表達或書面交流時，都要把訊息準確無誤地傳達給對方，這就要求我們——語法要通順，用詞要準確。

講話語法通順，用詞準確會讓對方認為你是個有文化修養的人，從而對你肅然起敬。如果講話語法混亂，文理不通，詞不達意，即使你相貌堂堂，衣冠楚楚，人們對你的印象也會大打折扣，把你看成一個不通文墨的大老粗。因此我們在日常說話中，語法通順、用詞貼切就顯得尤為重要了。怎樣才能做到這一點呢？

邏輯是人們的一種思維形式。說話必須要有邏輯性，不能前言不搭後語，自相矛盾而使人發現所說的話有破綻，從而會失去別人的信任。說話合乎邏輯，這是我們日常生活中的基本常識，說話東拉西扯，語無倫次，則是缺乏這種邏輯思維的體現。

艾略特博士在擔任哈佛大學校長三分之一世紀之久後宣稱，「我認為，在一位淑女或紳士的教育中，只有一項必修的心理技能，那就是正確而優雅地使用他（她）的本國語言。」這是一句意義深遠的聲明，值得人們深思。

說話節奏把握好

與口才出色的人談話簡直是一種藝術的享受。他們說話時引經據典，抑揚頓挫，詼諧幽默，引人入勝，就像一位出色的鋼琴家，將語言的節奏當做鋼琴的琴鍵而隨意指揮，彈奏出一曲曲動人心弦的高山流水。他們對語言節奏的掌握確實是隨心所欲了。

下面四種語言節奏是經常運用的，若能有效地掌握，就能造成打動人心的效果。

（1）高亢型。高亢的節奏能產生威武雄壯的效果，聲音偏高，起伏較大，語氣昂揚，語勢多上行。用於鼓動性強的演說、宣傳重要決定及使人激動的事。

（2）低沉型。語流偏慢，語氣壓抑，語勢多下行。用於悲劇色彩的事件敘述，或慰問、懷念等。

（3）凝重型。聲音適中，語流適當，既不高亢，也不顯低沉，重點詞語清晰沉穩，次要詞語不滑不促。用於發表議論和某些語重心長的勸說，抒發感情等。

（4）輕快型。輕快型節奏是最常見的，聽來不著力，而多揚少抑。日常性的對話、一般性的辯論，都可以使用這類型的節奏。

以上這四種節奏分別用於不同的場合，不同的環境，但又互相滲透，有主有從，只有適當把握，才能顯示出技巧的內在力量。

說話要簡潔精練

在社交場合中，有什麼樣的說話形象和說話風格就會產生什麼樣的效果。社交的語言要簡潔、精練，並盡可能地承載更多和更有用的訊息。反之，若空話連篇，言之無物，必然有損自身的說話形象和說話風格。

林肯在伊利諾州的一個審判室裡處理一件案子，助理拿起提交上來的那份冗長起訴書（是一個平時極其懶惰的律師起草的），對林肯說：「感到吃驚，是嗎？林肯先生。」

林肯慢慢地說：「這就好比懶惰的傳道士經常寫冗長的講道稿一樣，一寫起來就懶得停筆。」

「言不在多，達意則靈。」講話簡練有力，能使人不減興味。冗詞贅語，嘮叨羅嗦，不得要領，必令人生厭。不少演講大師惜語如金，言簡意賅，留下了許多彌足珍貴的篇章，成為「善辯者寡言」的典型。

簡潔精練的話，無論在什麼場合，都是十分受人歡迎的，因為簡潔精練會使人的形象和風格更顯得乾淨俐落。

說話須平凡樸素

人們常常問，如何才能準確地表達出自己真實的思想和感情呢？——這裡有一個公開的祕密，所用的方法既非奇異，更非幻術，說穿了就是「平凡樸素」！

歷來的美國人，從來沒有比林肯講話用的字句更簡潔和更優美了！他所寫的散文，有人曾這樣歌頌過：「竟像音樂一般的悅耳！」隨便舉一個例子吧：

他在第二次總統就職演說中，曾說了這麼一句話：「勿以怨恨對待任何人，應以慈愛加給所有的人！」

南北戰爭爆發時，各報記者向林肯提出了各式各樣莫名其妙的建議。林肯耐著性子聽完了一位紐約時報記者提出的作戰方案之後，說：「聽了你的建議，我不禁想起了一個小故事。幾年前，有人在堪薩斯騎馬旅行，因為人煙稀少，無路可行，他迷失了方向。更糟糕的是隨著夜幕降臨，下起了暴雨。隆隆雷聲，震撼大地；道道閃電，瞬息之間照亮地面。這個失魂落魄的人，最後下了馬，藉著時有時無的閃電亮光，開始步履艱難地牽馬行走。突然，一聲驚人的霹靂駭得他雙膝跪地，他呼喊道：『啊，上帝，既然你什麼都能做到，就多賜給我們一點亮光，少來點刺耳的聲響吧！』」

林肯自己平凡樸素，也討厭他人說話故作高深，晦澀難懂，這是很值得我們借鑑和學習的。

第八章　一分鐘對待觀念

想要獲得成功，必須有獨創性才行。只要你積極工作，靈感就會湧出來，就看你有沒有獨創的決心。凡是要完成一件事，必須有決心。不能活用自己特性的時候，只要有決心的話，有時也可以做到獨創性的工作的。

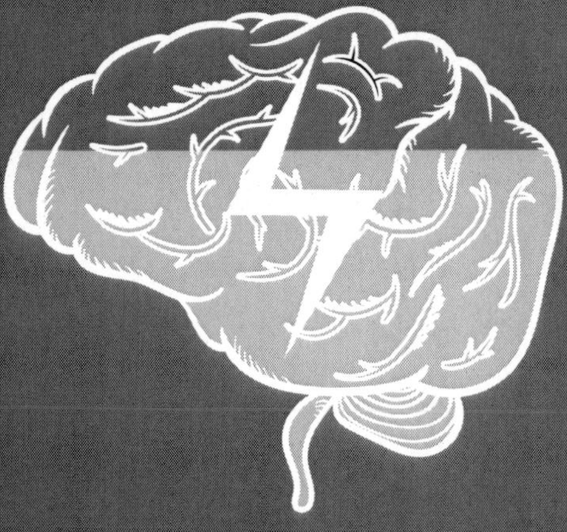

學會愛你的對手

「愛」是友好的表示，愛親人，愛朋友，愛戀人，這都是內心情感的需要，是人的本能，而「愛你的敵人」卻是令人費解的事……。

能當眾擁抱敵人的人，他的成就往往比不能愛敵人的人高出許多。

體育競技場是最能體現這種特殊情感的地方。隨著比賽哨聲吹響，拳擊臺上走來兩位選手。他們兩位可以稱上是勢均力敵。走在前面的那位叫泰森，笑容滿面，禮貌地向全場觀眾揮手致意。後面那位叫約翰，顯然他還沒有消除對泰森的敵意，因為上一場比賽泰森讓他出盡了醜。約翰一上場，就虎視眈眈地瞪著泰森，對全場熱情的觀眾不理不睬，甚至連比賽的禮儀——雙方握手擁抱也粗暴地拒絕，就那樣瞪著血紅的眼睛，看著泰森，單等裁判的哨聲。

對於約翰的無禮，泰森顯得比較寬容，聳聳肩，一笑了之。

比賽一開始，約翰就以奪命招企圖先聲奪人，制對方於死地。不但泰森心裡明白，連全場觀眾也知道約翰這是在報仇，是在發洩，而不是進行高品質、高水準的比賽。於是所有的目光都聚集在泰森身上，所有人都在為泰森加油。

終於，比賽以泰森的勝利告終，這正是眾望所歸的結果。如果我們說這場比賽的勝負取決於兩人的態度和心態，似乎有些武斷，甚至牽強。但不可否認，在這場勢均力敵的比賽中，良好的心態絕對是泰森取勝的重要因素。

無論如何，愛你的對手並不吃虧。

雖然說「愛一個人好難」，但是，愛你的敵人這個行為一旦做了出來，久了會成為習慣，讓你和人相處時，能容天下人、天下物，出入無礙，進退自如，這正是成就大事業的本錢。

培養多元思維

培養多元思維，考慮用多種方法來解決某個問題，既可以為平淡的生活增加樂趣，又可以使問題迎刃而解，同時，我們的心情也會變得舒暢！

一次，電臺請了一位商界奇才做主持人，大家非常希望能聽他談談成功之道，以對自己的發展有所幫助。

但他只是淡淡一笑，說：「還是出一道題考考你們吧。」

「某地發現了一處金礦，於是人們一窩蜂地擁去開採。然而，一條大河擋住了必經之道，如果是你，你會怎麼辦？」

「繞道走，就是費點時間。」有人說。

「乾脆游過去。」

但是他卻含笑不語，等人們議論聲過後，他開口了：「為什麼非得去淘金？為什麼不可以買一條船開展營運？」

全場愕然。

他接著說：「那樣的情況下，你就是宰得渡客只剩下一條短褲，他們也會心甘情願呀！因為前面有金礦啊！」

往往在我們遇到一個棘手的問題時，不妨打破定向思維，另闢新徑，或許會達到「柳暗花明又一村」的境界。

以原則為生活重心

所謂原則，就是恆久不變、歷久彌新的被人們公認的法則，它涉及到做人、做事等諸多方面。原則是理智和客觀、公平的欽差大使，值得信賴，更可以增加安全感。在以原則為綱的社會裡，你看見的處處是方便之門，而在一個不重視原則的社會裡，生活卻是一件相當累人的事。

所以，我們不得不反思：我們該以什麼作為生活的重心呢？其實，正確的生活重心，也就是以原則為圓心。

老婆可能會另有新歡，父母可能逝世而離開你，再親密的朋友也可能和你鬧翻離你而去。但是，原則，則會灼灼發光，雖處逆境或順境而不迷失方向。原則能讓你冷靜下來，做出正確的判斷；原則能使我們不為外力所干擾，大踏步向前趕！

現在，假設你已買好晚上八點的電影票，準備和女朋友一同欣賞，順便增進感情。可是，你公司臨時有急事，要你加班，你該怎麼辦呢？

對以感情為重的人而言，當然是優先考慮女友的感受。那麼你很可能委婉拒絕老闆，以免令女友大失所望。即使為了保住工作而勉強留下來加班，心裡也一定十分不情願，一方面還得設法平息女友的失望與不滿。

至於金錢至上的人，則重視加班費，或考慮到加班能使老闆在調薪時另眼相看。你會理直氣壯地告訴女友你要加班，也會理所當然認為對方應該諒解，因為金錢的驅動超過一切。

對工作狂來說，加班正中下懷。因為既可增加經驗，又有更多表現的機會，有利於晉升。所以不論是否需要，仍會自動延長加班時間，且自以為女友一定以此為榮，對此不會小題大作。

只有注重原則的人會保持冷靜客觀的態度，不受情緒或其他因素干擾。然後從整體的角度、其他相關因素，以及不同的決定可能造成的結果——加以考慮，經過深思熟慮，才做出正確的抉擇。

總而言之，以原則為生活重心的人，見解不同凡響，思想行為也自成一格。由於擁有堅實的內在，其所獲得的高度安全感、人生方向、智慧與力量，使其能享有積極主動而充實的一生。

當務之急是做最重要的事

人的每一天要處理許多事情，既要忙工作又要忙家務，每每感到時間不夠用，又感到有點力不從心。

抓住事物本質，放棄細枝末節，定會讓你事半功倍。

關鍵是要理清頭緒，哪些該做，哪些不該做？

切記：排除干擾，做該做的事情。

現實生活中，有許多人做事不分主次輕重，這往往會讓你忙得不可開交，而重要的事情卻沒有完成。

舉一個簡單的例子。比方說，你是一名學生，你今天所做的事情是洗衣服、洗澡、請一位朋友吃飯和為明天的考試而複習功課。顯然，複習功課是主，其它為次。如果你去請朋友吃飯，免不了要喝點酒，大聊特聊，轉眼間已經到了下午，你再去洗衣服、洗澡，忙完了已經到了晚上，功課耽誤了，明天的考試成績一定不好。你完全可以抓住主要的，功課要緊，其它的可以放在以後。

人生中有許多事不像日常生活瑣事這麼簡單，比如企業工作重心、國家大政方針等，這就需要我們去冷靜分析，仔細思考，層次分明，突出重點，全力做好重要的事。

異性做的事情，不妨也嘗試

男性的讀者，你曾經試著穿高跟鞋嗎？

結果呢？是不是很難走路，走不久腳就痠痛得受不了？然而卻有如此多的女性必須整天與高跟鞋為伍，她們的辛苦就可想而知了。事實上，類似這類男性做不來女性卻必須天天面對的事情，還多得很呢。

為什麼不能對你身邊的女性多一點關懷與了解呢？相信你會因此變為更有魅力，更受歡迎的男性！

同樣地，如果你是女性，也可以試著調換角色，如此，你將與男性擁有良好的互動關係。

將「願望」改變成「欲望」

每個人都有自己的願望，但是，每天守著願望呆在家裡你就什麼也得不到，只有把「願望」變成「欲望」，成為我們行動的動力，我們才會有所得。

也許有人不禁要問，「願望」與「欲望」到底差別何在呢？所謂「願望」，即營養不足的「欲望」，是懦弱者的專利，光有「願望」絕成不了大事；而「欲望」就不同了，它是高質的燃料，有了它我們便有了成功的動力。

大千世界，無奇不有，沒有不可能發生的事。一個人只要具備強烈的欲望，就絕對能創造出奇蹟。

如何將模糊微弱的「願望」轉變成清晰強烈的「欲望」是相當深奧的一門學問。若當真能轉變成功，心中便會萌生一股力量驅使自己向前。想獲得成功，最忌諱的就是沒有目標、終日無所事事。要知道，思想能控制行動，只要懂得控制自己的思想，你便可以創造出促使自己成就某事、獲得某物的欲望。

相信自己是第一

「車神」舒馬克是賽車史上贏得最多獎金的賽車選手，而他第一次賽完車回來向他母親報告賽車結果時的情景對他的影響卻很大。

「媽！」他衝進家門叫道，「有三十五輛車參加比賽，我跑第二。」

「你輸了！」他母親回答道。

他抗議道，「您不認為我第一次就跑個第二是很好的事嗎？特別是這麼多輛車參加比賽。」

「理查！」她嚴厲道，「你用不著跑在任何人後面！」

接下來的二十年中，舒馬克稱霸賽車界，他的許多項紀錄到今天還保持著。他從未忘記母親的教誨：「理查，你用不著跑在任何人後面！」

是的，「你用不著跑在任何人後面！」一旦你從內心決定要得第一，那麼你就會取得更大的成績。

在生活中你敢不敢說「我是第一」？這個問題的回答並不困難。如果你是個渴望成功的人，請回答：「當然，我就是第一！」

如果想保持一點謙虛的紳士風度，你也可以回答：「不是第一。」但要不失時機地補上一句：「是並列第一」」

為什麼一定要是第一呢？

因為你本來就是第一。至少，你要在意識中種下爭第一的信心，這樣，你的個性才會真正成熟起來。記住！生活需要個性。

無數受人尊敬的成功者，都曾經宣稱自己是第一人。是不是第一毋須追究，關鍵是他們的確取得了成功。吉拉德的故事對你一定有所啟發。

吉拉德很小的時候隨父母從義大利到了美國，在汽車城底特律度過了悲慘的童年，痛苦和自卑成為他的不良印痕。他那碌碌無為的父親告訴他：「認命吧，你將一事無成。」這個說法令他沮喪，他老是想著自己苦悶的前程。有一天，母親告訴他：「世界上沒有誰跟你一樣，你是獨一無二的。」從此，他燃起了希望之火，他認定他是第一，沒人比得上他。自信奠定了成功的基礎。他第一次去應徵時，這家公司的祕書要他的名片時，他遞上一張黑桃A。結果立刻得到面試的機會。經理問他：「你是黑桃A？」

「是的。」他說。

「為什麼是黑桃A？」

「因為A代表第一，而我剛好是第一。」

這樣，他被錄取了。

想知道後來的吉拉德嗎？他成功了，真的成了世界第一。他一年推銷一千四百二十五輛車，創造了金氏世界紀錄，怎麼樣？第一的威力厲害吧？吉拉德每天臨睡前都要重複幾遍說：「我是第一。」然後才入睡。這種鼓舞性的暗示堅定了他的信心和勇氣，他的個性得到了有力的強化。

你一定要學學舒馬克和吉拉德，相信自己是第一。一個連自己都不相信的人能指望別人相信嗎？鼓舞你的人恰恰是你自己。

控制靈感

很多人以為，勤奮是成功的關鍵。勤奮的確非常重要，把事情做得漂亮，要比勤勞苦幹更重要。

古希臘數學家阿基米德發明槓桿與滑輪，他因陶醉於槓桿原理，而講出一句名言：

「給我一個支點，我可以舉起整個地球。」

當時的統治者西洛，有一天出題向這個吹牛的傢伙挑戰，如果無法透過考驗，就要他從此閉嘴。題目是這樣的：

西里裘斯港的水手想把一艘大船弄上岸，西洛王命令阿基米德擔當這個任務。

據說，這位聰明的數學家巧妙地安排了一系列的滑輪與齒輪，借力使力，終於成功地把大船推上岸。

以阿基米德來說，把事情做得漂亮，其重要性絲毫不遜於賣力苦幹。

哲學家笛卡兒曾說：

「光有好頭腦不夠，最重要的是要好好發揮腦力。」

再難的工作，準備時如果能多用點腦筋，你就會找到靈感，實際進行時就會順利許多。

中內功所創立的大榮公司，能在短時間內成為日本流通業的領先企業，是因為中內功能在生意上發揮獨創性的緣故，反過來，沒有獨創性的話，就絕對不可能有這麼大的發展了。中內功說：

「即使做生意，也必須有獨創性。」他還說：「這個社會是個活用個性的時代，也是一個必須將性格拿出來才能生存的時代。今後的經營，如果不把性格和哲學發揮出來的話，就不會有存在價值。」

可見，想要獲得成功，必須有獨創性才行。只要你積極地工作，靈感就會湧出來。要看你有沒有獨創的決心，凡是要完成一件事，必須有決心。不能活用自己特性的時候，只要有決心的話，有時也可以做到獨創性的工作的。

不要臉，要面子

俗話說：臉皮厚，吃個夠；臉皮薄，吃不著。今天看來不無道理。

中國是有著五千年文明歷史的國家，兩千年儒家文化的薰陶，讓我們腦中有了這樣的觀念：寧可餓死、凍死，也不能讓人家戳脊梁骨。這種強烈的自尊自強意識著實可佳，但過猶不及，死守著一張臉皮不放，那可就稱得上是迂腐人。

古往今來，從東方到西方，有許多利用厚臉皮獲得成功的事例。他們之所以能夠成功，就是因為他們練就了刺不進扎不透的厚臉皮，保護著他們免遭旁人所有可能的非難和自己良心的譴責。

從歷史上看，臉皮薄而成功者極其罕見，大凡那些獲得超人成功者，皆為厚臉皮者。最有名的莫過於越王勾踐，為了復仇竟然在眾目睽睽之下替夫差親口嘗大便的味道。然而，他最終以自己的厚臉皮換來了「三千越甲可吞吳」的輝煌。劉備出道以來整天惶惶不可終日，四處託庇於人，見人先哭後說話，依靠自己的厚臉皮忍辱負重才終於有了三分天下。韓信更不用說，受辱於胯下，才有了垓下一戰功成。

「臉都不要了，我怕什麼？」人只有拿出這個氣魄，做人做事，我們才可能事業有成。

經常突發奇想

有許多事情皆是用奇想方式突破困境，也為自身闖出一條康莊大道。例如：有一位商人，夏天批了一大堆的毛襪，同行都認為他是痴子、是傻子，大熱天毛襪賣給誰？這位老兄卻有一奇想，何不裝船賣到俄羅斯？那個地方雖遠，但是冷得要命，零下十幾度，阿兵哥在外操練，一定很需要這襪子。隨後透過貿易商交涉，竟然全部的毛襪還不夠賣，趕緊加工再製。

奇想是常人無法想像的，不按常理做事。因此，有時候別人會說你：瘋瘋癲癲，頭腦生鏽了。

可是你有沒有想過？就因為大眾沒有想到、沒有突發的意念，所以你很特殊，所以你獨占了整個人心與市場。有一家食品小店，粽子裡放了木瓜、香菇、香菜，不同於那些司空見慣的粽子。一推出之後，人們排隊搶著買，店家大賺一筆了，這就是奇想的功效。

人世間，我們時常為一些問題困擾、為一些事情打不開僵局，弄得自己灰頭土臉，處處碰壁，處處倒楣。倘若你能用此奇想創造一個念頭，如汽車手把改以機車的手把，加油、煞車都在方向盤上，方便無比。手比腳靈活，不會像腳踩錯了煞車，踩到油門造成意外。若這奇想能實現，你還怕餓死嗎？

因此，一些不能實現的作為，透過你的奇想能克服困難，若能突破現狀，你就會成功，也能創造出自己美好的未來，值得你一試，說不定，你就會成功喲！加油。

善於轉換思路

一位牛津大學畢業的猶太人走進紐約一家銀行，來到貸款部，大模大樣地坐了下來。

「請問先生有什麼事情嗎？」貸款部經理一邊問，一邊打量著來人的穿著：豪華的西服、高級皮鞋、昂貴的手錶，還有領帶夾子。

「我想借些錢。」

「好啊，你要借多少？」

「一美元。」

「只需要一美元？」

「不錯，只借一美元。可以嗎？」

「當然可以，只要有擔保，再多點也無妨。」

「好吧，這些擔保可以嗎？」

猶太人說著，從豪華的皮包裡取出一堆股票、國債等等，放在經理的辦公桌上。

「總共五十萬美元，夠了吧？」

「當然，當然！不過，你真的只要借一美元嗎？」

「是的。」說著，猶太人接過了一美元。

「年息為百分之六。只要您付出百分之六的利息，一年後歸還，我們就可以把這些股票還給你。」

「謝謝。」

猶太人說完，準備離開銀行。

一直在旁邊冷眼觀看的分行長，怎麼也弄不明白，擁有五十萬美元的人，怎麼會來銀行借一美元這種事情。他慌慌張張地追上前去，對猶太人說：

「啊，這位先生……。」

「有什麼事情嗎？」

「我實在弄不清楚，你擁有五十萬美元，為什麼只借一美元呢？要是你想借三、四十萬美元的話，我們也會很樂意的……。」

「請不必為我操心。只是我來貴行之前，問過了幾家金庫，他們保險箱的租金都很昂貴。所以嘛，我就準備在貴行寄存這些股票。租金實在太便宜了，一年只須花六美分。」

貴重物品的寄存按常理應放在金庫的保險箱裡，對許多人來說，這是唯一的選擇。但猶太商人沒有囿於常理，而是另闢蹊徑，找到讓證券能鎖進銀行保險箱的辦法。從可靠、保險的角度來看，兩者確實是沒有多大區別的，除了收費不同。

一般情況下，人們是為借款而抵押，總是希望以盡可能少的抵押爭取盡可能多的借款。而銀行為了保證貸款的安全或有利，從不肯讓借款額接近抵押物的實際價值，所以，一般只有關於借款額上限的規定，其下限根本不用規定，因為這是借款者自己就會管好的問題。能夠鑽這個「漏洞」，轉換思路思考問題，這就是猶太商人在思維方式上的「精明」。

電子書購買

國家圖書館出版品預行編目資料

大腦充電中 ,60 秒改造全新人生：你離成功只差這 101 種好習慣 / 阿爾伯特 . 哈伯德著 . -- 第一版 . -- 臺北市：崧燁文化事業有限公司 , 2022.01

面； 公分

POD 版

ISBN 978-986-516-963-3(平裝)

1. 成功法 2. 生活指導

177.2 110019746

大腦充電中，60 秒改造全新人生：你離成功只差這 101 種好習慣

臉書

作　　者：[美] 阿爾伯特・哈伯德

翻　　譯：趙雅筑

發 行 人：黃振庭

出 版 者：崧燁文化事業有限公司

發 行 者：崧燁文化事業有限公司

E-mail：sonbookservice@gmail.com

粉 絲 頁：https://www.facebook.com/sonbookss/

網　　址：https://sonbook.net/

地　　址：台北市中正區重慶南路一段六十一號八樓 815 室

Rm. 815, 8F., No.61, Sec. 1, Chongqing S. Rd., Zhongzheng Dist., Taipei City 100, Taiwan

電　　話：(02)2370-3310　　**傳　　真**：(02) 2388-1990

印　　刷：京峯彩色印刷有限公司（京峰數位）

定　　價：299 元

發行日期：2022 年 01 月第一版

◎本書以 POD 印製